# Zehn Hypnosen 2.0

# Band 74

## Konzentration und Wissensverankerung

# IMPRESSUM

**Wichtige Hinweise zur dringenden Beachtung:** Die Inhalte dieses Buches beruhen auf den praktischen Erfahrungen des Autors mit Hypnoseanwendungen und Psychotherapie im Zustand der Trance. Obwohl sich der Autor um größtmögliche Sorgfalt bemüht hat, können Fehler oder Missverständnisse in der Darstellung nicht vollkommen ausgeschlossen werden. Die therapeutische Arbeit mit Menschen sowie die Anwendung der Hypnose obliegen ausschließlich der Verantwortung des Hypnotiseurs. Es kann nicht ausgeschlossen werden, dass Teile dieses Buches falsch verstanden werden oder die Anwendung eines vorgestellten Verfahrens eine ungewünschte Reaktion beim Klienten bewirken kann. Eine Mitverantwortung des Autors besteht auch dann nicht, wenn unter Hinweis auf die Ausführungen dieses Buches mit einem Klienten gearbeitet wird.

**Der Autor:** Ingo Michael Simon studierte Psychologie und Pädagogik und ist Hypnosetherapeut mit Praxistätigkeiten in Südwestdeutschland und in der Schweiz. Mit Hilfe hypnosegestützter Psychotherapie behandelt er vor allem Menschen mit anhaltenden psychischen Leiden. Angststörungen, pathologische Zwänge und psychosomatische Erkrankungen bilden den Schwerpunkt seiner Praxistätigkeit. Zu seinen therapeutischen Angeboten gehören hauptsächlich klassische und moderne Hypnoseanwendungen und die von ihm selbst entwickelte Traumlandtherapie.

# Inhaltsverzeichnis

# Das Baukastensystem 2.0

Die Reihe *Zehn Hypnosen* ist inzwischen als Textsammlung mit modularem Aufbau sehr bekannt und hat sich zum meist gelesenen Anwendermanual der Branche entwickelt. Seit Erscheinen des ersten Bandes gab es einige Updates und Neuerungen, da ich stets daran arbeite, die Texte möglichst praxisnah und zu den Bedürfnissen der Anwender passend zu schreiben. Der modernen Sprache geschuldet heißt die Reihe daher ab sofort *Zehn Hypnosen 2.0*, was bedeutet, dass das Baukastensystem der neuen Bände eine wesentliche Neuerung enthält.

Jetzt gibt es nämlich zu jeder Hypnose einige weitere Textbausteine zur Ergänzung, Abwandlung und Individualisierung. Bisher waren alle Texte so geschrieben, dass sehr leicht einzelnen Passagen oder Sätze ergänzt oder verändert werden konnten. Das wird auch weiterhin so sein und es ist notwendig. Denn ein fertiger Text kann nicht wirklich auf alle Klienten passen. Viele konstruktive Rückmeldungen der Leserinnen und Leser haben gleichzeitig den Wunsch gezeigt, etwas Unterstützung beim Abwandeln der Texte zu erhalten. Ich habe mich daher dazu entschlossen, jedem Hauptteiltext einige Textbausteine, Begriffe oder Suggestionen zu ergänzen, die ganz einfach an einer im Text markierten Stelle wahlweise verwenden können. Damit sind es dann nicht mehr zehn Hauptteile, sondern ohne eigenen Schreibaufwand der Leserinnen und Leser mindestens dreißig. Sie werden daher in den Hauptteilen häufig Passagen lesen, die eingerahmt sind von der Kennzeichnung +++ **Variante 1** +++ bis zur Markierung +++ **Ende Variante 1** +++. Diese Passagen können Sie ganz normal mitlesen und mitsprechen bei Ihren Hypnosen. Sie können diese Textpassagen aber auch gegen einen der beiden direkt darauf folgenden Alternativbausteine austauschen und damit den Inhalt und Schwerpunkt der Hypnose variieren. Die jeweiligen Alternativbausteine werden entsprechend eingerahmt von den Kennzeichnungen +++ **Variante 2** +++ und +++ **Ende Variante 2** +++. Ganz einfach! So brauchen Sie nicht zwischen verschiedenen Seiten des Buches hin und her zu springen. So können Sie aus einer Hypnose dieses Buches mehrere Sitzungen machen oder die beste Variante für Ihren Klienten finden. Und falls sie selbst etwas formulieren wollen, lohnt es sich (aus meiner Sicht) am meisten, genau diese Passagen zu individualisieren.

Die Hauptteile – und auf die kommt es am allermeisten an – werden also viel umfangreicher und flexibler. Die übrigen Bausteine, von der Einleitung bis zur Ausleitung, habe ich ebenfalls verändert. Bislang gab es immer je drei zur Auswahl. Die Erfahrung zeigt inzwischen, dass die meisten Hypnotiseure ihre bevorzugten Texte für diese Teile haben und gar nicht so viel Auswahl suchen. Hier kommt es auch unweigerlich zu Wiederholungen, da bei aller Kreativität nicht wirklich einige hundert verschiedene Einleitungen möglich sind. Jedenfalls nicht so, dass jede Einleitung sehr originell und neuartig wäre. Daher habe ich mich dazu entschlossen, in jedem Band jeweils nur eine Variante für die Hypnoseteile um den Hauptteil herum zu schreiben. Ich bin mir sicher, dass die Anwenderinnen und Anwender der Texte mehr davon profitieren, noch flexiblere Hauptteile mit zusätzlichen Textbausteinen zur Verfügung zu haben. Und genau das bietet Ihnen die neue Variante *Zehn Hypnosen 2.0* als einzige Buchreihe bzw. Textsammlung. Ein weiteres Highlight sind neue Hypnosetechniken, die in den früheren

Bänden noch nicht vorkamen. Davon werden Sie im Zuge der Reihe noch einige kennen lernen. Der Aufbau und Ablauf einer Hypnose wird von verschiedenen Autoren und Ausbildern unterschiedlich beschrieben, wobei die meisten jedoch der gleichen Grundidee folgen. Ich bevorzuge nicht nur einfache Abläufe, sondern auch nachvollziehbare Gliederungen und unterscheide in dieser Buchreihe daher sieben Schritte einer Hypnosesitzung. Für jeden Schritt gibt es Textvorlagen, die nach Belieben miteinander kombiniert werden können. Ich habe diesen Aufbau gewählt, um trotz fertiger Vorlagen auch Raum für Individualität zu lassen. So ist es mit der Zeit oder für fortgeschrittene Hypnotiseure auch leichter möglich, eigene Texte und Formulierungen zu verwenden und nur den Hauptteil für die jeweilige Sitzung diesem Buch zu entnehmen. Ich unterscheide folgende Schritte einer Hypnose:

1. Einleitung der Trance (Induktion)
2. Vertiefung der Trance
3. Förderung der Veränderungsbereitschaft (Compliance)
4. Hauptteil (Therapieteil, Anwendungsteil)
5. Stabilisierungsphase, Festigung
6. Übergang zur Ausleitung
7. Ausleitung der Trance

Die Punkte in den Texten ... ... unterbrechen ... ... den ... ... Lesefluss und zwingen zu Pausen bzw. zum langsamen Lesen, was meistens viel schwieriger ist als langsames Freisprechen.

Ich möchte an dieser Stelle noch darauf hinweisen, dass Bücher keine Therapien ersetzen können. Zu einer Psychotherapie oder einer anderen therapeutischen Behandlung gehört selbstverständlich mehr. Eine sorgsame Diagnostik ist die notwendige Entscheidungsgrundlage für den Einsatz der Mittel, also auch dafür, ob Hypnose oder einer meiner Texte zur Anwendung kommen mag. Doch auch in diesem Fall gehören Vorgespräche, Nachgespräche während der Sitzung und natürlich ein therapeutisches Konzept der Sitzungsfolge und inhaltlichen Vorgehensweise zu einer Therapie. Das kann und will ich nicht mit einer Textsammlung leisten.

Ich hoffe, dass das neue Konzept auch für Ihre Praxis besser geeignet ist als das frühere, das hierdurch nicht schlecht geworden ist. Ich jedenfalls wünsche Ihnen sehr viel Erfolg mit Ihrer Arbeit und freue mich, wenn ich mit meinen Textvorlagen einen kleinen Beitrag dazu leisten darf.

*Ingo Michael Simon*

# Einleitung

… … Du machst es dir bequem und kannst deine Augen schließen … … Nun kannst du zur Ruhe kommen … …Gleichzeitig kannst du dir in deiner Fantasie, in deiner unbegrenzten Kreativität, auch Bilder vorstellen … … vielleicht wie in einem Traum oder so wie du es von deinen Gedanken kennst, wenn du dir vorstellst, wie etwas sein könnte … … oder sein sollte … … Sicherlich hast du dir schon oft vorgestellt, was du einmal machen willst … … oder was du einmal erleben willst … … Also stell dir nun einmal vor, du stehst auf einer schönen großen Wiese und mitten auf dieser Wiese steht ein riesiger Baum … … vielleicht eine Eiche … … mit einem dicken Stamm und dicken Ästen … … Schau ihn dir an … … An einem dicken Ast hängt eine Schaukel, mit ganz langen Seilen … … Und du selbst sitzt auf dieser Schaukel … … Du kannst dir zuschauen, wie du anfängst zu schaukeln … … ganz weit … … hin und her … … hin und her … … hin und her … … Es geht wie von selbst … … Die Schaukel pendelt einfach hin und her … … und hin und her … … Und du kommst dabei zur Ruhe … … einfach so, weil du es dir vorstellen kannst … … Du siehst dich selbst auf dieser Schaukel … … Du schaukelst hin und her … … hin und her … … und hin und her … … Und dabei wird es schon ruhiger in dir … … Schritt für Schritt immer ruhiger … … mit jeder Bewegung hin und her … … immer, immer ruhiger … …

# Vertiefung

… … Jetzt darf es ruhig und still in dir werden … … Du darfst die Ruhe genießen und dich treiben lassen … … den Alltag mehr und mehr abschalten und einfach nur ausruhen … … So gleitest du Schritt für Schritt in eine angenehme Trance, die sich sehr, sehr gut anfühlt … …

… … Vielleicht weißt du ja, dass eine Trance auch über ganz leichte Körperbewegungen entsteht … … Genauer gesagt entsteht sie dann, wenn die Bewegung endet … … Du kannst jetzt einmal deinen Kopf etwas bewegen. So als wolltest du nicken und immer sagen Ja, Ja, Ja … … *[Das Kopfnicken abwarten]* … … gut so … … Wenn du denkst, jetzt solltest du tiefer entspannen, hörst du damit auf und gehst in eine schöne Trance … … *[Warten Sie ab, bis der Klient die Bewegung stoppt]* … …Genau so … … Das machst du jetzt noch einmal mit den Armen … … Du bewegst sie ein bisschen hin und her … … und sobald du aufhörst, entspannst du wieder tiefer … … *[Warten Sie ab, bis der Klient die Bewegung stoppt]* … …Genau so … … Gehen wir noch einen letzten Schritt in die Tiefe, indem du deine Beine bewegst … … so als wolltest du sie etwas ausschütteln … … Wieder entscheidest du selbst, wann du damit aufhörst, denn genau das ist der Zeitpunkt, in eine schöne tiefe Trance zu gehen… … *[Warten Sie ab, bis der Klient die Bewegung stoppt]* … … Genau so … …

# Compliance

… … Jedes Wort, das du ab sofort in dieser Trance hörst, bringt dich tiefer in Trance … … denn in der Tiefe kannst du deine Ziele erreichen … …

… … Jedes Wort, das du ab sofort in dieser Trance hörst, bringt dich tiefer in Trance … … denn in der Tiefe kannst du tatsächlich dein Lernen optimieren … …

… … Jedes Wort, das du ab sofort in dieser Trance hörst, bringt dich tiefer in Trance … … denn in der Tiefe kannst du Selbstzweifel wirklich loslassen … …

… … Jedes Wort, das du ab sofort in dieser Trance hörst, bringt dich tiefer in Trance … … denn in der Tiefe kannst du perfekte Konzentration finden … …

… … Jedes Wort, das du ab sofort in dieser Trance hörst, bringt dich tiefer in Trance … … denn in der Tiefe kannst du alles erreichen … … Du kannst alles erreichen … …

# Hauptteil 1

*Narrative Hypnose*

Eine narrative Hypnose hat einen „erzählenden" Stil. Es handelt sich aber nicht um eine Geschichte oder um ein Märchen oder eine Fantasiereise. Der Therapeut geht so vor, dass er wie ein Beobachter oder eben Erzähler von außen auf das Thema des Klienten schaut und diesem davon „erzählt". Hierbei ist wichtig, die Erfahrungen und Erlebnisse aus der subjektiven Sicht des Klienten zu beleuchten und für ihn zu rekapitulieren. Der Klient macht die Erfahrung, dass er auf Verständnis für seine Schwierigkeiten und für seine Themen trifft. Es geht also nicht so sehr um innere Führung zu neuen Perspektiven, sondern zunächst einmal um das Akzeptieren und Würdigen des bisherigen Weges. In einem zweiten Teil der Hypnose steht dann die Selbstvergebung und das Selbstannehmen im Mittelpunkt und schließlich im dritten Teil ein Pakt, den der Klient mit sich selbst schließt, um nun neue Wege gehen zu können. Narrative Hypnosen können zu allen Themen formuliert werden. Besonders eignen sie sich jedoch als erste Hypnose, vor allem bei sehr sensiblen und schambesetzten Themen. Für Traditionalisten wirken diese Hypnosen oft wenig typisch für hypnotische Arbeit. Wie meine Leser wissen, bin ich ein Freund der Verwendung sowohl traditioneller Techniken als auch sehr moderner und auch ungewöhnlicher Methoden. Die narrative Hypnose habe ich in meiner Praxis entwickelt und mit großem Erfolg als erste Hypnose in nahezu alle Klientenkontakte eingeführt. Eine Patientin hat einmal zu mir gesagt, diese Hypnosen seien wie Fantasiereisen ohne Fantasieumgebung. Sie hat den Nagel auf den Kopf getroffen. Wie immer gilt: Bitte ausprobieren! Ich wette, diese Hypnose stärkt das Vertrauen zwischen Klient und Therapeut enorm!

*Kontaktaufnahme und Entlastung*

... ... Du hast seit einiger Zeit Schwierigkeiten beim Lernen ... ... Du spürst, dass es Konzentrationshemmungen gibt, vielleicht die Sorge, das Pensum nicht zu schaffen oder irgendwie mit dem Lernen überfordert zu sein ... ... Manchmal ist es vielleicht wirklich zu viel und du brauchst einfach eine Auszeit ... ... Doch manchmal ist da noch etwas anderes ... ... wie ein Zweifel, der dauernd da ist ... ... ein Selbstzweifel, den du versuchst zu kontrollieren ... ... Dann fragst du dich wieder, warum du eigentlich denkst, dass du das alles nicht schaffst ... ... verstehst selbst nicht, warum du so verunsichert bist ... ... Manchmal kann das Leben uns verunsichern ... ... mehr als die meisten denken, verunsichern uns manchmal Ereignisse oder Erlebnisse, die wir gar nicht mit unseren aktuellen Schwierigkeiten in Verbindung bringen ... ... Das können alte Erinnerungen sein, beispielsweise Erlebnisse in der Kindheit ... ... eine schlechte Note und eine Bestrafung dafür ... ... oder ein Leistungs- und Erfolgsdruck, den wir früher einmal hatten und wir wissen es schon gar nicht mehr so genau ... ... Vielleicht weißt du, warum du Angst hast, du würdest das Lernen nicht bewältigen können ... ... oder du hast keine Ahnung, was dich da eigentlich bedrückt ... ... Heute ist es aber nicht so wichtig, alles genau zu ergründen ... ... Heute ist es wichtig, hier zu sein und dich mit dir selbst zu versöhnen, Einklang mit dir selbst zu finden ... ... Dafür bist du heute hier ... ...

*Selbstvergebung und Trost*

… … Viele Ereignisse können zu Verunsicherungen und damit auch zu Konzentrationsproblemen oder Selbstzweifeln führen oder irgendwie dazu beitragen … … Manchmal scheinen Gründe oder Ursachen für bestimmte Erlebnisse oder Probleme offensichtlich und wir sind uns sicher, warum sie da sind … … Doch immer ist es so, dass sich in unseren Themen, Herausforderungen und Problemen mehr zeigt als das, was wir darin erkennen … … Es ist immer eine Summe von vielen Ereignissen … … Wir alle kennen Menschen, die Schlimmes erlebt haben und irgendwie gut damit klar kommen … … das irgendwie verarbeiten … … Vielleicht geht es dir auch so … … Aber das Wichtigste ist, zu wissen, dass es nicht die Starken sind, die alles wegstecken … … Es hat mehr mit unseren Erfahrungen zu tun … … Du hast sicher die Erfahrung gemacht, dass du vieles im Leben alleine bewältigen musstest und dann hast du dich zurückgenommen und gedacht, du müsstest jetzt auch deine Lernschwierigkeiten wieder alleine in den Griff bekommen … … Du hattest das halt so gelernt … … Doch es ist jetzt an der Zeit, dir selbst zu vergeben … … Eigentlich gibt es nichts zu vergeben, denn du hast keine Schuld auf dich geladen, doch du kannst dich befreien, indem du dich selbst von Vorwürfen befreist und dir sagst … … *Jetzt bin ich selbst an der Reihe* … … Damit entlastest du dich selbst und kannst auch Hilfe innerlich besser annehmen … … Jetzt bist du an der Reihe und dafür musst du heute gar nicht so viel tun, musst es vor allem nicht alleine hinbekommen … … Lass einfach meine Worte in dein Gefühl fließen und lass diese Worte für dich wirken … … *[ca. 20 Sekunden schwiegen]* … …

*Entschluss und Selbstvereinbarung*

**+++ Variante 1: Lernen in Schule oder Studium, allgemein +++**

… … Trance ist ein bisschen wie Schlafen und doch ganz anders … … Sie ist wie ein Traum, in dem du aktiv und bewusst denken und beobachten kannst und den Traum als Traum erkennst … … und deshalb kannst du diesen Traum auch steuern, kannst ihm eine Richtung geben … … und was du in Trance träumen kannst, was du dir vorstellen kannst, das kann auch Wahrheit werden … … Das ist der große Vorteil der Trance … … Du kannst dir also jetzt vorstellen, dass alle Ereignisse und Erlebnisse, die zu deiner Sorge beim und um das Lernen beigetragen haben, konstruktiv verarbeitet werden … … Und das funktioniert in aller Ruhe, im Stillen, denn du bist in Trance, in diesem besonderen Zustand … … Jetzt hilft dir dein Unterbewusstsein, indem alle ungünstigen Lernerlebnisse und alle drückenden Gefühle konstruktiv in der Tiefe verarbeiten werden … … Es gab eine Zeit, da hattest du Angst vor Misserfolgen des Lernens, weil du mit Konsequenzen rechnen musstest … … Dann gab es eine Zeit der Selbstverurteilung bei Misserfolgen … … Das musste so kommen, denn du kanntest es ja nur so … … Doch all das ist vorüber … … Diese Zeiten sind Vergangenheit … … Du verarbeitest sie jetzt tief innen … … besser noch … … Du lässt diese alten Zeiten verarbeiten … … Dein Unterbewusstsein macht das mit Hilfe dieser Trance … … *Jetzt* … … *[ca. 30 Sekunden schwiegen]* … …

**+++ Ende Variante 1 +++**

**+++ Variante 2: Lernen in der Mitte des Lebens, Lernen 50+ +++**

… … Trance ist ein bisschen wie Schlafen und doch ganz anders … … Sie ist wie ein Traum, in dem du aktiv und bewusst denken und beobachten kannst und den Traum als Traum erkennst … … und deshalb kannst du diesen Traum auch steuern, kannst ihm eine Richtung geben … … und was du in Trance träumen kannst, was du dir vorstellen kannst, das kann auch Wahrheit werden … … Das ist der große Vorteil der Trance … … Du kannst dir also jetzt vorstellen, dass alle Ereignisse und Erlebnisse, die zu deiner Sorge beim und um das Lernen beigetragen haben, konstruktiv verarbeitet werden … … und gleichzeitig wird eine eigene Erfahrung reaktiviert und genutzt … … Du hast mehr Lebenserfahrung als ein junger Mensch und deshalb hast du auch mehr Misserfolge erlebt und bereits verarbeitet … … und jede Verarbeitung bringt neue Erfahrung, die du nutzen kannst … … Du hast halt auch schon mehr Erfolge gehabt, mehr gelernt und mehr Prüfung abgelegt als ein jüngerer Mensch … … und all diese Erfahrungen stehen dir zur Verfügung … … Heute werden alle Selbstzweifel tief innen verarbeitet … … Du hast das schon oft und vor allem immer wieder geschafft … … Ebenso schaffst du es heute und das Gute ist … … Du musst dich dafür nicht anstrengen … … Lass dein Inneres machen … … Lass dein Unterbewusstsein für dich arbeiten … … Dein Unterbewusstsein macht das mit Hilfe dieser Trance … … *[ca. 30 Sekunden schwiegen]* … …

**+++ Ende Variante 2 +++**

*Erfolg und Festigung*

… … Sehr gut … … Alles Konstruktive geschieht jetzt in der Tiefe … … Du kannst darauf vertrauen, dass dein tiefes Inneres, dein Unterbewusstsein, das schafft … … Wenn es gelingt, in einem konstruktiven und echten Zustand der Trance den Anfang zu machen, dann arbeitet dein Inneres weiter konstruktiv an der Verarbeitung aller emotionalen Lasten, aller Erinnerungen … … und genau das hast du ja heute getan … … und das Beste ist … … Du hast es getan ohne viel zu tun, denn Loslassen und Vertrauen ist der beste Weg einer konstruktiven Veränderung … … Loslassen und vertrauen … … Genau das gelingt dir hier und heute … … Loslassen und Vertrauen … … Genau das gelingt dir jeden Tag … … Loslassen und Vertrauen … … Genau das hilft dir bei erfolgreichen Lernen … …

# Hauptteil 2

*Ankertechnik*

*Als Anker (oder Trigger) bezeichnet man einen Auslöser, der ein bestimmtes Gefühl herstellen oder einen bestimmten Gedanken wecken soll. Es handelt sich also um ein Signal, das vom Klienten wahrgenommen wird und dann einen inneren Vorgang anstößt. Der eingerichtete Anker ersetzt dann die Suggestion. Im Alltag kann ein Klient mit einem Anker einen gewünschten Zustand anstoßen oder herstellen, auch ohne einen Trancezustand. Zahlreiche Reize sind als Anker/Trigger verwendbar. Ich arbeite mit folgenden Möglichkeiten, die ich in der Reihe „Zehn Hypnosen" ebenfalls verwende:*

- *Körperanker (Schließen der Hand, Drücken des Daumenballens ...)*
- *Visuelle Anker (Symbole, Wortkarten ...)*
- *Akustische Anker (Signalgeräusche wie Handyklingeln, Melodien ...)*
- *Oflaktorische Anker (Duftöle ...)*
- *Haptische Anker (Handschmeichler, Talisman ...)*

*Außerdem unterscheide ich perihypnotische und posthypnotische Anker. Perihypnotische Anker sind solche, die vor allem während der Hypnose zum Einsatz kommen, indem der Therapeut den Anker einrichtet und dann immer wieder als Ergänzung der Suggestionen und Visualisierungen auslöst. Posthypnotische Anker werden vor allem für die Zeit nach der Sitzung eingerichtet, damit der Klient sich selbst damit helfen kann.*

*Vorbereitung der Ankertechnik*

… … Du hast ein wichtiges Ziel … … ein besonderes Ziel für diese Hypnose … … Du willst die Selbstzweifel beim Lernen beenden und wieder mit Zuversicht und mit Freude lernen und arbeiten … … Hierzu ist es notwendig, die tief liegenden Verunsicherungen zu verarbeiten, all das, was zu Selbstzweifeln und damit zu Konzentrations- und Lernhemmungen geführt hat … … Hierzu erlernst du mit dieser Hypnose eine besondere Vorgehensweise … … Ich zeige dir einen Tranceanker … … Ein Tranceanker ist ein Hilfsmittel, mit dem du eine innere Reaktion bewirken kannst, in deinem Fall ist es die Reaktion, die Verunsicherungen ganz in der Tiefe zu verarbeiten und damit frei zu werden für konstruktives und optimales Lernen … … Der Anker funktioniert hervorragend und du kannst ihn ganz einfach nutzen … … und vor allem kannst du ihn jederzeit und ganz spontan einsetzen, auch ohne Trance … … denn der Tranceanker funktioniert wie ein Schalter, der die innere Verarbeitung startet … … Du kannst ihn also im Alltag jederzeit einsetzen … … Und natürlich auch kurz vor dem Lernen … … Dann startest du die tiefe Verarbeitung aller Unsicherheiten und Selbstzweifel und du startest dein gutes Lernprogramm, denn Unsicherheiten werden in der Tiefe verarbeitet und du fühlst dich frei … … und kannst dich voll und ganz auf das Lernen konzentrieren … …

*Herstellen eines konstruktiven emotionalen Zustandes*

… … Jetzt bist du innerlich ruhig und entspannt … … Das ist die beste Voraussetzung zum Einrichten des Ankers und zum Trainieren des Ankers … … denn auch das kannst du heute schon tun, in dieser Hypnose … … Du kannst also jetzt schon Unsicherheiten und Selbstzweifel abschalten und davon frei sein … … Ruhe spürst du jetzt in deinem Körper … … Ruhe spürst du jetzt in deinem Gefühl … … Ruhe spürst du jetzt in deinen Gedanken … … und diese Ruhe hat bereits dafür gesorgt, dass jetzt eine innere Verarbeitung beginnt … … die konstruktive und stille Verarbeitung aller Unsicherheiten … … und dann erlebst du wieder die Leichtigkeit des Lernens … … Du bist jetzt gerade vollkommen entspannt und frei in deinen Gedanken und damit bist du jetzt gerade auch frei von Unsicherheiten und Zweifel … … Das ist ganz normal und geschieht immer, wenn du ganz tief im Innern wirklich zur Ruhe kommst … … und jetzt bist du wirklich zur Ruhe gekommen … … Für den Augenblick ist also dein Ziel erreicht … … Nun kann dein Organismus lernen, diese Ruhe und damit die Freiheit und gleichzeitige Verarbeitung in der Tiefe zu starten … … indem dein Körper spürt, dass du deinen Anker auslöst, wie einen Schalter, der dein inneres Ruheprogramm einschaltet … … Du kannst deinen Anker immer wieder nutzen, auch und gerade ohne Trance, denn wenn du ihn einmal mit mir gemeinsam eingerichtet und ausprobiert hast, funktioniert er sicher und zuverlässig ... ... und hilft dir jeden Tag, vor allem natürlich beim Lernen ... ...

*Einrichten des Ankers*

... ... Jetzt in der inneren Ruhe des Körpers und des Gefühls wird alles andere unbedeutend ... ... Jetzt sind nur diese Wahrnehmungen wichtig ... ... das Gefühl der körperlichen Ruhe und der inneren Ruhe im Gefühl ... ... Und mit diesen Gefühlen verbinden wir nun deinen Anker ... ... Lege nun deine rechte Hand auf deinen Solarplexus, also etwa so, dass dein Daumen auf deinem Brustbein liegt und dein Zeigefinger und dein Mittelfinger die Rippen ertasten können ... ... Damit liegt dann deine Handfläche auf dem Solarplexus, auf dem Sonnengeflecht des Körpers ... ... Und nun konzentriere dich auf deine Atmung und atme ganz bewusst in deinen Bauch ... ... Dabei spürst du, wie deine Bauchdecke sich hebt, weil durch die eingeatmete Luft etwas Druck im Bauch entsteht ... ... Und bei Ausatmen spürst du, wie der Druck entweicht ... ... Du fühlst es mit deiner rechten Hand auf deinem Bauch ... ... Druck entweicht ... ...

**+++ Variante 1: Lernen in Schule oder Studium, allgemein +++**

… … Damit wirst du innerlich ruhig und zufrieden und spürst, dass alle Unsicherheiten und Selbstzweifel in der Tiefe verarbeitet und gelöst werden … … Alle bewussten und auch alle unbewussten Verunsicherungen werden tief innen zuverlässig und sorgfältig verarbeitet und als Erfahrungen gespeichert … … als Erfahrungen, die dir helfen, deine Konzentration zu steuern und beim Lernen aufrecht zu erhalten … … Du wirst also freier in deinen Gedanken .. …. freier in deinem Gefühl … … freier beim Lernen … … Dein Schalter bewirkt, dass alle Lasten tief innen zuverlässig verarbeitet werden und dass du dich ab sofort beim Lernen voll und ganz auf die Inhalte konzentrieren kannst … …

**+++ Ende Variante 1 +++**

**+++ Variante 2: Lernen in der Mitte des Lebens, Lernen 50+ +++**

… … Damit wirst du innerlich ruhig und zufrieden und spürst, dass alle Unsicherheiten und Selbstzweifel in der Tiefe verarbeitet und gelöst werden … … Die Befürchtungen, zu alt zum Lernen zu sein oder zu langsam zu sein, werden gelöst und verschwinden … … Alle bewussten und auch alle unbewussten Verunsicherungen aufgrund deines Alters werden tief innen zuverlässig und sorgfältig verarbeitet … … Deine Erfahrungen steht dir zur Verfügung und hilft dir beim Lernen … … denn Lernen gelingt umso besser, je mehr es dir gelingt, deine Lebenserfahrung zu nutzen und genau das tust du gerade … … genau dabei hilft dir dein Anker … … bei der Aktivierung und Nutzung deiner Lebens- und Lernerfahrungen für dein heutiges Lernen … … Du wirst also gelassener in deinen Gedanken .. .… gelassener in deinem Gefühl … … gelassener beim Lernen … … Dein Schalter bewirkt, dass alle Lasten tief innen zuverlässig verarbeitet werden und dass du dich ab sofort beim Lernen voll und ganz auf die Inhalte konzentrieren kannst … …

**+++ Ende Variante 2 +++**

… … und dein Unterbewusstsein speichert genau diese Wirkung deines Ankers ab … … Das ist dein Anker, dein Schalter, der Unsicherheiten und Selbstzweifel zuverlässig abschaltet … … und dein Körper weiß das, dein ganzer Organismus weiß das … … dein Unterbewusstsein hat diese Verbindung erschaffen … … Deine rechte Hand und das bewusste Ausatmen beenden die Selbstzweifel ein für allemal … …

*Stabilisierungsphase (Festigen des posthypnotischen Ankers)*
… … Jetzt nimm die Hand von deinem Körper und lege sie neben deinen Körper … … Vielleicht fragst du dich ja, warum ein solcher Anker so einfach funktioniert und warum er tatsächlich wirken kann … … oder du bist bereits davon überzeugt und freust dich auf die Wir-

kung, die du ja überprüfen kannst … … Und wenn du die Wirkung des Ankers optimieren willst und Verunsicherungen und Lernhemmungen immer wieder und immer intensiver verarbeiten willst, dann trainierst du einige Tage lang mit deinem Anker weiter … … Du legst dich einfach jeden Tag für einige ruhige Minuten bequem hin und arbeitest mit deinem Anker … … für zehn oder zwanzig Atemzüge … … und sofort aktiviert dein Körper für dich dein Ruheprogramm und dein Verarbeitungsprogramm … … schaltet die Selbstzweifel und Lernhemmungen vollkommen ab und verarbeitet die Emotionen noch viel tiefer und sorgfältiger … … und sofort steht dir wieder optimale Konzentration zur Verfügung … … Nun genieße die Ruhe … … Dein tiefes Inneres, dein Unterbewusstsein hat den Anker fest für dich eingerichtet … … Du kannst ihn jederzeit für dich nutzen, auch und gerade ohne Trance … … so wie hier und heute … … ganz genau so wie hier und heute … … Dein Anker wirkt jederzeit optimal … …

# Hauptteil 3

*Intentionale Suggestion*

> *Die intentionale Suggestion ist eine Technik, die im Prinzip eine Umkehrung der insistierenden Suggestion darstellt. Während bei der insistierenden Form eine Suggestion mehrmals wiederholt und durch verschiedene Ergänzungen begründet und verstärkt wird, verwenden wir hier unterschiedliche Suggestionen, denen eine formulierte Absicht folgt, die in ihrer Formulierung gleich bleibt. So wird aus verschiedenen Aspekten, die der Klient gut annehmen kann, immer wieder die gleiche Schlussfolgerung (intentionale Suggestion oder Zielsuggestion) gezogen. Auch diese Technik ist eine für Gruppenhypnosen sehr geeignete Variante.*

## *Zielformulierung und Willensstärkung*

… … Du öffnest dich nun den helfenden Worten, die du hörst … … denn so führt dich die heutige Trance wirklich sicher auf deinen Weg zu größerem Lernerfolg … …

… … Du bist auch dazu bereit, helfende Worte in dein Gefühl fließen zu lassen … … denn so führt dich die heutige Trance wirklich sicher auf deinen Weg zu größerem Lernerfolg … …

… … Du begegnest dir selbst in dieser Trance mit Achtsamkeit … … denn so führt dich die heutige Trance wirklich sicher auf deinen Weg zu größerem Lernerfolg … …

… … Und ebenso achtsam und folgst du den helfenden Worten, die du hörst … … denn so führt dich die heutige Trance wirklich sicher auf deinen Weg zu größerem Lernerfolg … …

*Gedankenausrichtung*

... ... Du denkst jetzt nur an dich selbst, denn auf dich kommt es jetzt an ... ... und genau dieser Gedanke aktiviert deine Konzentration für optimales Lernen ... ...

... ... Du erlaubst dir selbst, jetzt ganz und gar im Fokus deiner Achtsamkeit zu stehen ... ... und genau dieser Gedanke aktiviert deine Konzentration für optimales Lernen ... ...

... ... Du erlaubst dir auch, jetzt nur deine eigenen Ziele und Absichten zu fokussieren ... ... und genau dieser Gedanke aktiviert deine Konzentration für optimales Lernen ... ...

... ... Du selbst bist der wichtigste Mensch in deinem Leben ... ... und genau dieser Gedanke aktiviert deine Konzentration für optimales Lernen ... ...

... ... Du erreichst deine Ziele mit optimaler Konzentration und perfektem Gedächtnis ... ...

*Somatische Ausrichtung (Körpersuggestion)*

... ... Du spürst deinen Körper und nimmst ihn jetzt ganz bewusst wahr ... ... denn du weißt, dass du eine Einheit aus Körper, Geist und Seele bist ... ...

... ... Du fokussierst dich jetzt ganz und gar auf dein ruhiges Körpergefühl ... ... denn du weißt, dass du eine Einheit aus Körper, Geist und Seele bist ... ...

... ... Du weißt, dass die Ruhe deines Körpers auch Ausdruck deiner stabilen Erfolgshaltung ist ... ... denn du weißt, dass du eine Einheit aus Körper, Geist und Seele bist ... ...

… … Du kannst deine Ziele also mit Ruhe, Übersicht, Beharrlichkeit und Erfolg angehen … … denn du weißt, dass du eine Einheit aus Körper, Geist und Seele bist … …

… … Du erreichst deine Ziele mit optimaler Konzentration und perfektem Gedächtnis … …

*Emotionale Ausrichtung*

… … Du spürst jetzt tief in deine Gefühle und Stimmungen … … und dabei spürst du, dass du auf einem konstruktiven und erfolgreichen Erfolgsweg des Lernens bist … …

… … Du fokussierst dich ganz und gar auf dein Gefühle … … und dabei spürst du, dass du auf einem konstruktiven und erfolgreichen Erfolgsweg des Lernens bist … …

… … Du nimmst nur noch dein tiefes Gefühl war … … und dabei spürst du, dass du auf einem konstruktiven und erfolgreichen Erfolgsweg des Lernens bist … …

… … Du genießt diesen Augenblicks der Innenschau … … und dabei spürst du, dass du auf einem konstruktiven und erfolgreichen Erfolgsweg des Lernens bist … …

… … Du erreichst deine Ziele mit optimaler Konzentration und perfektem Gedächtnis … …

*Verhaltensausrichtung*

**+++ Variante 1: Lernen in Schule oder Studium, allgemein +++**

… … So wie jetzt kannst du immer wieder mit dir selbst umgehen … … denn so sicherst du deinen Lernerfolg langfristig ab, mit optimalem Gedächtnis und perfekter Konzentration … …

… … Jeden Tag gehst du konsequent auf deine Lernziele zu … … denn so sicherst du deinen Lernerfolg langfristig ab, mit optimalem Gedächtnis und perfekter Konzentration … …

… … Du fokussierst dich ganz und gar auf deine Ziele … … denn so sicherst du deinen Lernerfolg langfristig ab, mit optimalem Gedächtnis und perfekter Konzentration … …

… … Du bleibst dran und lernst konsequent und regelmäßig … … denn so sicherst du deinen Lernerfolg langfristig ab, mit optimalem Gedächtnis und perfekter Konzentration … …

… … Du erreichst deine Ziele mit optimaler Konzentration und perfektem Gedächtnis … …

**+++ Ende Variante 1 +++**

**+++ Variante 2: Lernen in der Mitte des Lebens, Lernen 50+ +++**

… … So wie jetzt kannst du immer wieder mit dir selbst umgehen … … denn so erkennst du immer wieder, dass die vielen Jahre der Lebens- und Lernerfahrung dich sicher tragen … …

… … Jeden Tag gehst du konsequent auf deine Lernziele zu … … denn so erkennst du immer wieder, dass die vielen Jahre der Lebens- und Lernerfahrung dich sicher tragen … …

… … Du fokussierst dich ganz und gar auf deine Ziele … … denn so erkennst du immer wieder, dass die vielen Jahre der Lebens- und Lernerfahrung dich sicher tragen … …

… … Du bleibst dran und lernst konsequent und regelmäßig … … denn so erkennst du immer wieder, dass die vielen Jahre der Lebens- und Lernerfahrung dich sicher tragen … …

… … Du erreichst deine Ziele mit optimaler Konzentration und perfektem Gedächtnis … …

**+++ Ende Variante 2 +++**

*Festigung*

… … Du hast alle helfenden Worte nun aufgenommen und tief und fest verankert … … und deswegen spürst du auch die tiefe Gewissheit des nachhaltigen Lernerfolges … …

… … Du hast die helfenden Worte dieser Hypnose in der Tiefe wirken lassen … … und deswegen spürst du auch die tiefe Gewissheit des nachhaltigen Lernerfolges … …

… … Die helfenden Worte dieser Hypnose wirken in deinem wachen Alltag weiter … … und deswegen spürst du auch die tiefe Gewissheit des nachhaltigen Lernerfolges … …

… … Jetzt und jeden Tag … … Jetzt und bei jedem Lernen … …

# Hauptteil 4

*Insistierende Suggestion*

*Insistierend bedeutet „darauf bestehend" oder „beharrlich". Bei dieser Technik wird mit wenigen Suggestionen gearbeitet, die jeweils wie ein Mantra in mehreren Hauptsätzen hintereinander wiederholt werden. Das hört sich zunächst etwas altmodisch an. Allerdings wird jeweils in den Nebensätzen eine Begründung, Intention oder eine positive Bewertung angefügt, die den Hauptsatz (die eigentliche Suggestion) unterstützt. Wir haben also für jede Suggestion vier oder fünf gute Begründungen. Eine sehr wirksame und auch für Gruppenhypnosen sehr geeignete Variante.*

## Zielformulierung und Willensstärkung

… … Du findest heute eine wirklich tiefe Entspannung für die Aktivierung deiner Erfahrung und deiner Fähigkeiten … … und für optimales Lernen und Wissensspeicherung … …

… … Du findest heute eine wirklich tiefe Entspannung für die Aktivierung deiner Erfahrung und deiner Fähigkeiten … … und diese Entspannung geschieht jetzt …

… … Du findest heute eine wirklich tiefe Entspannung für die Aktivierung deiner Erfahrung und deiner Fähigkeiten … … und hierbei hilft dir diese Trance … …

… … Du findest heute eine wirklich tiefe Entspannung für die Aktivierung deiner Erfahrung und deiner Fähigkeiten … … und dafür fließen alle Worte in dein Innerstes … …

*Gedankenausrichtung*

… … Deine Gedanken werden frei und gleiten wie auf Wellen dahin … … und du wirst frei und offen für deine Lernziele und für die Lerninhalte … …

… … Deine Gedanken werden frei und gleiten wie auf Wellen dahin … … und mit dem Loslassen der Gedanken lässt du Unsicherheiten los und findest optimale Konzentration … …

… … Deine Gedanken werden frei und gleiten wie auf Wellen dahin … … und alle Muskeln und Sehnen lassen jetzt los… …

… … Deine Gedanken werden frei und gleiten wie auf Wellen dahin … … und alle Spannungen des Körpers lösen sich und mit ihnen löst sich die Unsicherheit … …

… … Du bist ganz ruhig und deine Konzentrationsfähigkeit wird jetzt optimiert … …

*Psycho-somatische Ausrichtung*

**+++ Variante 1: Lernen in Schule oder Studium, allgemein +++**

… … Mit jedem Ausatmen wird es ruhiger in dir und dein Körper wird müde … … und dein Körper fühlt sich wohl und speichert alles Gelernte optimal und dauerhaft ab … …

… … Mit jedem Ausatmen wird es ruhiger in dir und dein Körper wird müde … … und damit spürst du auch, dass Fokussierung und Konzentration ab sofort besser funktionieren … …

… … Mit jedem Ausatmen wird es ruhiger in dir und dein Körper wird müde … … und in genau dieser Ruhe speichert dein Organismus alle Lerninhalte tief und fest ab … …

… … Mit jedem Ausatmen wird es ruhiger in dir und dein Körper wird müde … … und immer wenn deine Gedanken ruhig werden, wird alles Gelernte noch tiefer gespeichert… …

… … Mit jedem Ausatmen wird es ruhiger in dir und dein Körper wird müde … … und mit jedem tiefen Ausatmen wird alles Gelernte optimal verarbeitet und verankert … …

… … Du bist ganz ruhig und deine Konzentrationsfähigkeit wird jetzt optimiert … …

**+++ Ende Variante 1 +++**

**+++ Variante 2: Lernen in der Mitte des Lebens, Lernen 50+ +++**

… … Mit jedem Ausatmen wird es ruhiger in dir und dein Körper wird müde … … und dein Körper fühlt sich wohl und speichert alles Gelernte optimal und dauerhaft ab … …

… … Mit jedem Ausatmen wird es ruhiger in dir und dein Körper wird müde … … und damit spürst du auch, dass deine Erfahrung und früher Gelerntes dir auch heute helfen … …

… … Mit jedem Ausatmen wird es ruhiger in dir und dein Körper wird müde … … und in genau dieser Ruhe aktiviert dein Organismus deine bewährten Lernsysteme … …

… … Mit jedem Ausatmen wird es ruhiger in dir und dein Körper wird müde … … und immer wenn deine Gedanken ruhig werden, wird alles Gelernte noch tiefer gespeichert… …

… … Mit jedem Ausatmen wird es ruhiger in dir und dein Körper wird müde … … und mit jedem tiefen Ausatmen werden alle deine bewährten Fähigkeiten optimiert … …

… … Du bist ganz ruhig und deine Konzentrationsfähigkeit wird jetzt optimiert … …

**+++ Ende Variante 2 +++**

*Emotionale Ausrichtung*

… … Du wirst von einem tiefen Gefühl der Selbstsicherheit für optimales Lernen erfüllt … … und diese Selbstsicherheit begleitet dich bei jedem Lernen … …

… … Du wirst von einem tiefen Gefühl der Selbstsicherheit für optimales Lernen erfüllt … … und diese Selbstsicherheit aktiviert und optimiert die innere Verarbeitung … …

… … Du wirst von einem tiefen Gefühl der Selbstsicherheit für optimales Lernen erfüllt … … und diese Selbstsicherheit steht dir für jedes Lernen und Reproduzieren zur Verfügung … …

… … Du wirst von einem tiefen Gefühl der Selbstsicherheit für optimales Lernen erfüllt … … und deshalb bist du auch erfolgreich und lernst optimal und nachhaltig … …

… … Du bist ganz ruhig und deine Konzentrationsfähigkeit wird jetzt optimiert … …

*Verhaltensausrichtung*

… … Jetzt musst du gar nichts selber tun, keine Anstrengung mehr … … denn in dieser heilsamen Entspannung geschieht alles von alleine … …

… … Jetzt musst du gar nichts selber tun, keine Anstrengung mehr … … denn wenn du jetzt gar nichts tust, wird deine Konzentrationsfähigkeit am stärksten aktiviert… …

… … Jetzt musst du gar nichts selber tun, keine Anstrengung mehr … … denn wenn du jetzt gar nichts tust, wird deine Konzentration weiter optimiert … …

… … Jetzt musst du gar nichts selber tun, keine Anstrengung mehr … … denn Ruhe hast du dir verdient und in Ruhe werden alle Lerninhalte optimale gespeichert … …

… … Du bist ganz ruhig und deine Konzentrationsfähigkeit wird jetzt optimiert … …

*Stabilisierungsphase / Festigung*

… … Jetzt spüre die Kraft deines Organismus, dein Selbstvertrauen und deine Fokussierung … … und genieße dieses Gefühl als dein neues Lebensgefühl … …

… … Jetzt spüre die Kraft deines Organismus, dein Selbstvertrauen und deine Fokussierung … … und genieße jeden einzelnen Schritt deines Lern- und Erfolgsweges… …

… … Du erreichst deine Ziele … mit Selbstvertrauen … … Willensstärke … … Mut … … Lernfreude und Motivation … … mit einer klaren, starken Haltung … …

# Hauptteil 5

*Affirmationshypnose*

Die folgende Variante eines Hypnosehauptteils arbeitet mit einem eher kurzen und prägnanten Glaubenssatz. Es handelt sich hierbei um eine Suggestion, die auch Affirmation genannt wird und auch außerhalb der Hypnose benutzt werden kann. Affirmation bedeutet Festigung, Stabilisierung. Es geht also immer darum, eine innere Haltung, die eingenommen werden kann, aber bislang noch schwierig aufrecht zu erhalten ist, zu stärken. Vorteil der Hypnose besteht sicherlich darin, dass die Affirmation leichter vom Klienten angenommen wird als im wachbewussten Zustand. Allerdings sollte diese Hypnose nicht als erste Sitzung dienen, sondern eingebracht werden, wenn der Klient bereits einen gewissen Verarbeitungsprozess durchgemacht hat und der Affirmation/dem Glaubenssatz bereits offener gegenüber steht als es ein verzweifelter Kranker oder Suchender zu Beginn einer Psychotherapie tut. Das müssen aber sie als Therapeut/in entscheiden.

Hinweise zur Verwendung von Affirmationen außerhalb bzw. nach der Hypnose:
Wenn die affirmative Suggestion (Affirmation) in der Hypnose etabliert wurde, kann der Klient die Wirkung und Nachhaltigkeit der Hypnose stärken, indem er in einer regelmäßigen Zeit der Besinnung die Affirmation bewusst und mit achtsamer Aufmerksamkeit selbst ausspricht. Hierzu kann der Klient beispielsweise eine kurze Atemübung zur Beruhigung machen und dann mit geschlossenen Augen die Affirmation aussprechen oder flüstern. Geübte können sie in eine Meditation oder in eine Selbsthypnose einbauen.

*Vorbereitung und Zielsetzung*

… … Du beschäftigst dich mit dem Lernen … … Du beschäftigst dich mit Konzentration und Verarbeitung, fragst dich, wie du am besten und am schnellsten lernen kannst … … Am liebsten würdest du mit Leichtigkeit lernen und mit Freude, ganz ohne zu ermüden … … ohne Selbstzweifel … … und in der Tat ist Lernen viel leichter möglich … … Es ist möglich, mit Freude zu lernen … … Es ist möglich, mit optimaler Konzentration zu lernen … … Es ist möglich, alles Gelernte schnell und tief zu verarbeiten und nachhaltig abzuspeichern … … Es ist auch möglich, das Gelernte schnell und präzise abzurufen, weil es gut und organisiert gespeichert wurde … … All das ist einfach, wenn du eine konstruktive und überzeugte Haltung dazu einnehmen kannst … …

*Distanzierung störender und ablenkender Gedanken*

… … Im wachen Alltag ist es oft schwierig, Glaubenshaltungen und Überzeugungen zu ändern, zumindest ganz tief innen … … wenn es darauf ankommt, echte und tiefe Überzeugungen zu entwickeln, die uns helfen, besser und zufriedener zu leben … … Doch in Hypnose ist es möglich, viel leichter als im wachen Zustand und sogar leichter als die meisten Menschen denken, wenn sie in Trance sind … … In der Ruhe der Trance kannst du einen inneren Dialog führen, kannst eingefahrenen Überzeugungen und Haltungen eine neue, vielleicht sogar entgegengesetzte Haltung entgegen halten … … Im Verstand, in den Gedanken ist das leicht … … Entscheidend aber ist doch, dass es auch im Gefühl ankommt, denn nur dort gibt es echte Überzeugungen … … in unserem Gefühl … … Im Alltag sind Gedanken nur Argumente des Verstandes …. … Jetzt aber werden Gedanken zu Gefühlen und damit eben zu ganz tiefen und festen Überzeugungen, wenn sie deinem Ziel dienen … … Du willst schneller und einfacher lernen und das Gelernte optimal und nachhaltig speichern … … Also baust du jetzt eine tiefe Haltung dazu auf … … mit Hilfe einer eindeutigen Affirmation … … Das ist eine Haltung, die dein Potenzial des Lernens, Speicherns und Erinnerns aktiviert und optimiert … … Im wachen Zustand wäre es ein Argument, ein wichtiger Gedanke, der hilft … … In Trance wird die Affirmation zur tiefen Haltung und Überzeugung, die du dann später auch im wachen Zustand fördern kannst … … Es muss aber die richtige Affirmation sein und vielleicht bist du schon ganz gespannt darauf, diese zu hören und für dich wirken zu lassen … …

*Präsentation der Affirmation*
… … Achte also nun auf deine Affirmation … … Höre sie und lass sie wirken … … Wenn sie jetzt ihren Weg findet, dann kannst du sie im wachen Alltag auch wiederholen … … Sie steht dann bereits voll im Einklang mit deiner tiefen Haltung und stärkt diese … … Deine Affirmation lautet … *{5-10 Sekunden Pause}* …

**+++ Variante 1: Lernen in Schule oder Studium, allgemein +++**

*... ... Ich vertraue meinem tiefen Inneren bei der Verarbeitung und Speicherung aller wichtiger Lerninhalte, die mir jederzeit zur Verfügung stehen ... ...*

**+++ Ende Variante 1 +++**

**+++ Variante 2: Lernen in der Mitte des Lebens, Lernen 50+ +++**

*... ... Ich vertraue meinem tiefen Inneren, das meine lange Erfahrung bei der Verarbeitung und Speicherung aller wichtiger Lerninhalte optimal nutzt und für mich einsetzt ... ...*

**+++ Ende Variante 2 +++**

*Einwirken und Vertiefen der Affirmation*

... ... Vertraue nun darauf, dass diese Worte den Weg in die heilsame Tiefe finden, denn genau das wird geschehen ... ... deine Affirmation ist mehr als eine Folge von Worten ... ... Deine Affirmation ist ein Gefühl, das dir hilft, viel leichter zu lernen als bisher ... ... mit Freude zu lernen ... ... mit voller Konzentration zu lernen ... ... mit Erfolg zu lernen ... ... Die Wirkung deiner Affirmation spürst du schon beim nächsten aktiven Lernen ... ...

*Wiederholung und Integration der Affirmation*

… … Optimale Affirmationen wirken immer intensiv und rasch … … und das Beste ist, dass du ihre Wirkung noch verstärken kannst, indem du deine Affirmation wiederholst … … wie ein inneres Glaubensbekenntnis … … Du kannst sie jederzeit, im vollkommen wachen Zustand wiederholen, denn sie ist bereits zu einer festen und ehrlichen Überzeugung geworden … … Wiederhole sie also jetzt und spüre die optimale Wirkung, indem du sagst … …

**+++ Variante 1: Lernen in Schule oder Studium, allgemein +++**

*… … Ich vertraue meinem tiefen Inneren bei der Verarbeitung und Speicherung aller wichtiger Lerninhalte, die mir jederzeit zur Verfügung stehen … …*
**+++ Ende Variante 1 +++**

**+++ Variante 2: Lernen in der Mitte des Lebens, Lernen 50+ +++**

*… … Ich vertraue meinem tiefen Inneren, das meine lange Erfahrung bei der Verarbeitung und Speicherung aller wichtiger Lerninhalte optimal nutzt und für mich einsetzt … …*
**+++ Ende Variante 2 +++**

… … Lass nun diese Worte noch tiefer in dein Innerstes sinken … … Sie haben ihren guten Weg längst gefunden und mit deiner Erlaubnis gehen sie diesen Weg jetzt und jeden Tag … … den Weg der Konzentration und der optimalen Verarbeitung des Gelernten … … den Weg des nachhaltigen und präzisen Abspeicherns alles Gelernten ... ... und eines ist sicher ... ... Alles Gelernte steht dir jederzeit zur Verfügung ... ...

*Stabilisierungsphase*

... ... Für heute ist genug getan ... ... Du hattest ein klares und vor allem wichtiges Ziel ... ... Dein Ziel war die Optimierung deiner Konzentration für ideales Lernen ... ... für organisiertes und nachhaltiges inneres Verarbeiten und Speichern aller gelernten Inhalte ... ... und genau diesem Ziel dient deine optimale Affirmation, dein ganz besonderer Glaubenssatz ... ... Er hat heute schon alles verändert, denn ein innerer Prozess der Verarbeitung und Erneuerung hat begonnen ... ... Alle Schwierigkeiten und alle Probleme unserer Gefühle kann unser Unter-bewusstsein für uns im Innern verarbeiten und lösen ... ... Das ist seine Aufgabe ... ... Es kommt darauf an, den Anstoß zu geben und genau das hast du heute getan ... ... und jeden Tag kannst du in einer ruhigen Minute der Besinnung deine Affirmation bewusst wiederholen und damit dein inneres auf weitere Verarbeitung einstellen und dabei unterstützen ... ... für optimale Konzentration ... ... für erfolgreiches Lernen ... ... für deinen Erfolg ... ...

# Hauptteil 6

*Geführte Zustimmung*

*Bei geführter Zustimmung arbeite ich mit Textblöcken, die aus 5 Aussagen bestehen. Beim ersten Block hört der Klient 4 Aussagen, denen er in hohem Maße (am besten vollkommen) zustimmt. Dann folgt eine Zielsuggestion, die auf die gewünschte Veränderung hinarbeitet. Nachdem er viermal innerlich Ja gesagt hat, neigt der Klient stark dazu, auch die nächste Aussage anzunehmen, die allerdings eine Suggestion ist. Dann folgt ein weitere Durchgang mit 3 geführte Zustimmungen und 2 Zielsuggestionen und zuletzt einer mit 2 geführte Zustimmungen und 3 Zielsuggestionen. Bei dieser Vorgehensweise, die in ihrer Grundform von Milton Erickson entwickelt wurde, geht es darum, eine innere Ja-Haltung beim Klienten zu forcieren, indem er zunächst Aussagen hört, denen er sehr leicht und sicher zustimmen kann, wie oben bereits beschrieben. Mehr und mehr werden solche Aussagen dann von Zielsuggestionen abgelöst, doch in der Routine des häufigen Zustimmens neigt die menschliche Psyche dazu, weitere Aussagen zu erwarten, die ebenso stimmig sind. Das beeinflusst die Interpretation des Gehörten zu Gunsten der Zielsuggestionen. Einfach gesagt genießt der Zuhörer die vielen „richtigen" und kaum konfrontierenden Suggestionen und nimmt daher diejenigen, die er im hellwachen Zustand kritisch prüfen würde, gerne als ebenso richtig an. Geführte Zustimmungen können Aussagen zu Gedanken (kognitiv), Sinneswahrnehmungen (sensorisch), Körperempfindungen (somatisch) oder zu Gefühlen (emotional) sein. Lesen Sie die einzelnen Abschnitte in gleichmäßigem Tempo, ohne Gedankenpausen!*

*Einleitung des Veränderungsprozesses/Perspektivenwandels*

… *[4 Geführte Zustimmungen]* … (1) Während du deinen Atem verfolgen kannst und spürst, wie er ein- und ausströmt, (2) kannst du den Luftstrom an deinen Nasenlöchern spüren (3) und gleichzeitig spüren, wie sich dein Körper mit deinem Atem hebt und senkt (4) und gleichzeitig sicher und stabil auf der Unterlage liegt … *[1 Suggestion]* … und dabei wirst du innerlich frei für neue Wege … …

… *[3 Geführte Zustimmungen]* … (1) Du kannst die Spannung und Entspannung deiner Muskeln wahrnehmen (2) und dabei natürlich auch die Ruhe aller Gelenke spüren (3) während sich alle Muskeln und Sehnen weiter und tiefer entspannen dürfen … *[2 Suggestionen]* … (1) wobei du deinen Blick mehr und mehr nach innen drehst und dich ganz auf dich selbst einlässt, (2) immer deutlicher Fokussierung und Konzentration tief in dir spürst … …

… *[2 Geführte Zustimmung]* … (1) Du kannst deine Aufmerksamkeit auf jede einzelne Körperstelle richten, wenn du willst … … (2) und ebenso kannst du deine Aufmerksamkeit nach innen richten, auf deine Gefühle, wenn du das bevorzugst … *[3 Suggestion]* … (1) Und so kannst du dich auch fokussieren und konzentrieren, (2) deine Mitte finden und dich auf ein Ziel fokussieren (3) und erkennen, dass du jedes Ziel erreichen kannst … …

*Aufbau der neuen Perspektive/Wahrnehmung/Glaubenshaltung*

**+++ Variante 1: Lernen in Schule oder Studium, allgemein +++**

… *[4 Geführte Zustimmung]* … (1) Du kannst dich jederzeit bewegen, wenn du noch bequemer *liegen/sitzen* willst (2) wobei du selbst entscheiden kann, ob und wann du deinen Körper bewegst, (3) und wie schnell du dann wieder loslässt um ihn ganz zu entspannen (4) oder du bleibst einfach in dieser Ruhe und genießt diesen Zustand … *[1 Suggestion]* … und du richtest deinen inneren Fokus ganz auf deine aktuellen Lernziele aus … …

… *[3 Geführte Zustimmung]* … (1) Auf deiner Haut spürst du die Temperatur deiner Umgebung, (2) und du hast ein gutes Gespür dafür, wie sich das genau anfühlt (3) und unabhängig davon hast du ein Gefühl von Ruhe und Entspannung in dir … *[2 Suggestionen]* … (1) So spürst du auch die Veränderung der Aufmerksamkeit in dir (2) spürst, dass du alles Gelernte wirklich schneller und besser verarbeiten und speichern kannst … …

… *[2 Geführte Zustimmung]* … (1) Du spürst deinen Körper und du spürst deine Umgebung (2) Du kannst das Äußere wahrnehmen und auch das Innere, die Gefühle … *[3 Suggestionen]* … (1) und mehr und mehr fühlst du die Optimierung deiner inneren Konzentration, (2) stellst dich darauf ein, genau diese Konzentration für dein Lernen zu nutzen (3) und dich damit von allen Zweifeln zu befreien und optimal zu lernen … … **+++ Ende Variante 1 +++**

**+++ Variante 2: Lernen in der Mitte des Lebens, Lernen 50+ +++**

… *[4 Geführte Zustimmung]* … (1) Du kannst dich jederzeit bewegen, wenn du noch bequemer *liegen/sitzen* willst (2) wobei du selbst entscheiden kann, ob und wann du deinen Körper bewegst, (3) und wie schnell du dann wieder loslässt um ihn ganz zu entspannen (4) oder du bleibst einfach in dieser Ruhe und genießt diesen Zustand … *[1 Suggestion]* … und du richtest deinen inneren Fokus ganz auf deine erfolgreichen Erfahrungen und Routinen … …

… *[3 Geführte Zustimmung]* … (1) Auf deiner Haut spürst du die Temperatur deiner Umgebung, (2) und du hast ein gutes Gespür dafür, wie sich das genau anfühlt (3) und unabhängig davon hast du ein Gefühl von Ruhe und Entspannung in dir … *[2 Suggestionen]* … (1) So spürst du auch die Veränderung der Aufmerksamkeit in dir (2) spürst, dass bewährte und erfolgreiche Lernstrategien tief innen reaktiviert werden … …

… *[2 Geführte Zustimmung]* … (1) Du spürst deinen Körper und du spürst deine Umgebung (2) Du kannst das Äußere wahrnehmen und auch das Innere, die Gefühle … *[3 Suggestionen]* … (1) und mehr und mehr fühlst du die Reaktivierung deiner inneren Konzentration, (2) stellst dich darauf ein, genau diese Konzentration für dein Lernen zu nutzen (3) und dich damit von allen Zweifeln zu befreien und optimal zu lernen … …

**+++ Ende Variante 2 +++**

*Stabilisierung und Erfolg des Neuen*

… *[3 Geführte Zustimmungen]* … (1) Du kannst die tiefe Ruhe deiner Muskeln und Gelenke jetzt spüren, diese tiefe Körpertrance (2) und mit jedem Atemzug kann diese Entspannung tiefer gehen, kann dich tiefer und tiefer führen, so tief, dass du das Gefühl hast, jede einzelne Körperzelle ist zur Ruhe gekommen (3) und wenn du diese entspannende Ruhe spüren kannst, kannst du auch erkennen, dass du deine Ziele bereits erreicht hast, tief im Innern …

… *[3 Suggestionen]* … (1) spürst du auch direkt, dass du Selbstzweifel verarbeiten und loslassen kannst, (2) dass du bereit und gut vorbereitet bist für optimales und nachhaltiges Lernen (3) und dass du alles Gelernte wirklich nachhaltig und präzise abspeicherst … … und alles Gelernte steht dir ab sofort unmittelbar zur Verfügung … … mit präziser Erinnerung … …

# Hauptteil 7

*Direkte Suggestion*

*Direkte Suggestionen können leicht abgelehnt werden. Doch sie können auch hochwirksam sein, wenn sie richtig eingebettet werden. Es kommt darauf an, Bedingungen zu schaffen, die dazu führen, dass die Suggestionen bereitwillig angenommen werden. Werden direkte Suggestionen als Folgesitzung nach „versteckter Instruktion" gemacht, kommt es vor allem auf die Betonung durch analoge Markierung an. Als Folgesitzung nach „geführter Zustimmungshaltung" (vgl. Hauptteil 6) kommt es auf die Abfolge der Suggestionen an. Wie in Hauptteil 6 werden in jedem Abschnitt einige Suggestionen angeboten, denen der Klient vorbehaltlos zustimmt und dann einige Zielsuggestionen, die die Veränderung einleiten. Nach mehrmaligem Zustimmen besteht die Tendenz, auch den folgenden Suggestionen zuzustimmen. Es gilt das gleiche Prinzip wie zu Hauptteil 6. Optimalerweise machen Sie beide Hypnosen (6, 7) als Folgesitzungen. Das wirkt meiner Erfahrung nach am stärksten. Der vorliegende Hauptteil kann aber auch eigenständig gemacht werden.*

*Einleitung des Veränderungsprozesses/Perspektivenwandels*

… … Du hast dir für heute etwas vorgenommen … … Du willst deine Fähigkeiten der Konzentration und Zielfokussierung optimieren und damit schneller, leichter und erfolgreicher Lernen … … Hierzu hast du den Weg der Hypnose gewählt und du gehst ihn jetzt gerade …

… in genau diesem Augenblick … … Du gehst damit auch einen Weg zu einer neuen Haltung

… … zu einer klaren und von dir bestimmten inneren Haltung … … Das ist der entscheidende Schritt … … weil du es so beschlossen hast … … Nimm das Außen mit deinen Sinnen wahr und das Innen mit deinen Gefühlen … … Du kannst das … … Folge einfach meiner Stimme, die dich auf deinem heutigen Weg begleitet und führt … …

*Einleitung des Veränderungsprozesses/Perspektivenwandels*

… Beobachte deinen Atem und spüre, wie er ein- und ausströmt … *[ca. 5 Sek. Pause]* …

… Du kannst du den Luftstrom an deinen Nasenlöchern spüren … *[ca. 5 Sek. Pause]* …

… Du spürst, wie sich dein Körper mit deinem Atem hebt und senkt … *[ca. 5 Sek. Pause]* …

… Und gleichzeitig *liegst/sitzt* du sicher und stabil auf der Unterlage … *[ca. 5 Sek. Pause]* …

… Und dabei wirst du genau jetzt frei und offen für neue Wege … *[ca. 5 Sek. Pause]* …

… Du kannst die Entspannung deiner Muskeln wahrnehmen … *[ca. 5 Sek. Pause]* …

… Du kannst dabei auch die Ruhe aller Gelenke spüren … *[ca. 5 Sek. Pause]* …

… Deine Muskeln und Sehnen dürfen noch tiefer entspannen … *[ca. 5 Sek. Pause]* …

… Wobei du deinen Blick mehr und mehr nach innen drehst … *[ca. 5 Sek. Pause]* …

… Und dich immer mehr auf dich selbst einlässt … *[ca. 5 Sek. Pause]* …

… Du kannst deine Aufmerksamkeit auf jede Körperstelle richten … *[ca. 5 Sek. Pause]* …

… Also kannst du deine Aufmerksamkeit auch nach innen richten … *[ca. 5 Sek. Pause]* …

… Und so kannst du Konzentration und Fokussierung erreichen … *[ca. 5 Sek. Pause]* …

… Du findest deine Mitte und fokussierst dich auf deine Lernziele … *[ca. 5 Sek. Pause]* …

… Du erkennst, dass du jedes Ziel erreichen kannst … *[ca. 5 Sek. Pause]* …

*Aufbau der neuen Perspektive/Wahrnehmung/Glaubenshaltung*

**+++ Variante 1: Lernen in Schule oder Studium, allgemein +++**

… Du kannst dich bewegen, wenn du noch bequemer *liegen/sitzen* willst … *[ca. 5 Sek. Pause]* …

… Du selbst entscheidest, ob und wann du deinen Körper bewegst … *[ca. 5 Sek. Pause]* …

… Du selbst entscheidest, wie schnell du loslässt und ganz entspannst … *[ca. 5 Sek. Pause]* …

… Du kannst auch einfach nur die Ruhe genießen … *[ca. 5 Sek. Pause]* …

… Und du fokussierst dich ganz und gar auf deine aktuellen Lernziele … *[ca. 5 Sek. Pause]* …

… Auf deiner Haut spürst du die Temperatur deiner Umgebung … *[ca. 5 Sek. Pause]* …

… Du hast ein gutes Gespür dafür, wie sich das genau anfühlt … *[ca. 5 Sek. Pause]* …

… Und gleichzeitig hast du ein Gefühl von Ruhe und Entspannung … *[ca. 5 Sek. Pause]* …

… So spürst du auch die Veränderung der Aufmerksamkeit in dir … *[ca. 5 Sek. Pause]* …

… Du spürst damit auch, dass du schneller und besser lernen kannst … *[ca. 5 Sek. Pause]* …

… Du spürst deinen Körper und du spürst deine Umgebung … *[ca. 5 Sek. Pause]* …

… Du kannst das Äußere wahrnehmen und auch die Gefühle … *[ca. 5 Sek. Pause]* …

… Und du spürst innen und außen eine optimale Konzentration … *[ca. 5 Sek. Pause]* …

… Du bist bereit, diese optimierte Konzentration zu nutzen … *[ca. 5 Sek. Pause]* …

… Du bist damit auch wieder bereit für optimales, erfolgreiches Lernen … *[ca. 5 Sek. Pause]* …

**+++ Ende Variante 1 +++**

**+++ Variante 2: Lernen in der Mitte des Lebens, Lernen 50+ +++**

… Du kannst dich bewegen, wenn du noch bequemer *liegen/sitzen* willst … *[ca. 5 Sek. Pause]* …

… Du selbst entscheidest, ob und wann du deinen Körper bewegst … *[ca. 5 Sek. Pause]* …

… Du selbst entscheidest, wie schnell du loslässt und ganz entspannst … *[ca. 5 Sek. Pause]* …

… Du kannst auch einfach nur die Ruhe genießen … *[ca. 5 Sek. Pause]* …

… Und du fokussierst dich jetzt auf deine erfolgreichen Erfahrungen … *[ca. 5 Sek. Pause]* …

… Auf deiner Haut spürst du die Temperatur deiner Umgebung … *[ca. 5 Sek. Pause]* …

… Du hast ein gutes Gespür dafür, wie sich das genau anfühlt … *[ca. 5 Sek. Pause]* …

… Und gleichzeitig hast du ein Gefühl von Ruhe und Entspannung … *[ca. 5 Sek. Pause]* …

… So spürst du auch die Veränderung der Aufmerksamkeit in dir … *[ca. 5 Sek. Pause]* …

… Du spürst also auch die Reaktivierung deiner Erfolgsstrategien … *[ca. 5 Sek. Pause]* …

… Du spürst deinen Körper und du spürst deine Umgebung … *[ca. 5 Sek. Pause]* …

… Du kannst das Äußere wahrnehmen und auch die Gefühle … *[ca. 5 Sek. Pause]* …

… Und du fühlst die Reaktivierung deiner inneren Konzentration … *[ca. 5 Sek. Pause]* …

… Du bist bereit, diese reaktivierte Konzentrationskraft zu nutzen … *[ca. 5 Sek. Pause]* …

… Du bist damit auch wieder bereit für optimales, erfolgreiches Lernen … *[ca. 5 Sek. Pause]* …

**+++ Ende Variante 2 +++**

*Stabilisierung und Erfolg des Neuen*

… Du kannst die tiefe Ruhe deiner Muskeln und Gelenke jetzt spüren … *[ca. 5 Sek. Pause]* …

… Mit jedem Atemzug kann diese Entspannung tiefer gehen … *[ca. 5 Sek. Pause]* …

… Jede einzelne Zelle deines Körpers kann zur Ruhe kommen … *[ca. 5 Sek. Pause]* …

… Du spürst, dass du Selbstzweifel verarbeiten und loslassen kannst … *[ca. 5 Sek. Pause]* …

… Ja, du bist jetzt bereit für optimales Lernen und optimales Speichern … *[ca. 5 Sek. Pause]* …

… Ja, deine Erinnerung und das Abrufen der Lerninhalte funktionieren … *[ca. 5 Sek. Pause]* …

… Ja, du erinnerst dich an die gelernten Inhalte präzise und schnell … *[ca. 5 Sek. Pause]* …

# Hauptteil 8

*Hypnose oder Selbsthypnose-Training*

*Der folgende Hypnosetexte ist so aufgebaut, dass er als „normale" Hypnose gemacht werden kann oder als Selbsthypnosetraining. Wenn Sie Ihrem Klienten mit dieser Hypnose gleichzeitig beibringen wollen, wie er eine wirksame Selbsthypnose zu Hause machen kann, dann lesen Sie auch die Abschnitte {Nur für Selbsthypnose-Training}, die Sie andernfalls weglassen können und dennoch eine gute Hypnose für Ihre Praxis haben. Ein Selbsthypnose-Trigger ist ein Signal (Handlung, Bild oder Wahrnehmung), das den Zustand der Trance einleitet. Mit seiner Hilfe kann auch ein ungeübter Klient zu Hause mit Selbsthypnose weiter arbeiten. Natürlich kann er „nur" mit einfachen Suggestionen, die er sich gut merken kann und die wir vorbereiten sollten, oder auch mit einfachen Visualisierungen arbeiten. Getriggerte Selbsthypnose ist ein sehr gutes Hilfsmittel, um dem Klienten eine Aufgabe mit zu geben und die Therapie zu fördern. So verläuft die Zeit zwischen den Terminen in der Praxis nicht ohne Therapie, sondern sie wird zu Hause fortgesetzt. Eine vollkommen selbstgesteuerte Selbsthypnose, ohne Trigger, ist auch gut erlernbar, braucht jedoch viel Zeit und Übung. Den Trigger einzurichten, ist eine ziemlich einfache Aufgabe und entlastet natürlich den Klienten, dem ich das Trainieren einer selbstgesteuerten Selbsthypnose nicht aufbürden möchte. Allen Unkenrufen zum Trotz behaupte ich auch hier, dass es wirklich kein Problem ist, einem Klienten eine einfache Trigger-Selbsthypnose beizubringen. Es ist nicht gefährlicher als eine Meditation oder ein autogenes Training oder Yoga. Das überlebt man auch unbeschadet zu Hause. Ich habe zahlreiche Patienten in meiner Praxis erlebt, die nicht nur gut mit Selbsthypnose klar gekommen sind, sondern Spaß daran hatten. Und wenn ein Patient gerne eine Selbsthypnose macht, so einfach die Suggestion im Hauptteil auch aussehen mag, dann ist das eine sehr gute Unterstützung der Compliance.*

*Zielsetzung und Fokussierung auf die bestehende Trance*

… … Du hast das feste Ziel, deine Möglichkeiten und Fähigkeiten des Lernens zu optimieren … … Du willst alles neu Gelernte optimale verarbeiten und nachhaltig verankern, um es dann bei Bedarf schnell und präzise abzurufen und genau das ist jetzt möglich … … Du bist jetzt entspannt, weil du in Trance bist und in einer stabilen und echten Trance kannst du eben dein Unterbewusstsein für dich arbeiten lassen und dafür sorgen, dass es für dich etwas erledigt … … Dein Unterbewusstsein soll also heute für dich Konzentration und Lernvorgänge optimieren … … *{Nur für Selbsthypnose-Training: … Du kannst sogar lernen, diese Hypnose selbst zu machen, denn auch das ist einfach … Ich zeige dir, wie es geht und wie von selbst lernt dein Unterbewusstsein in der heutigen Hypnose, wie du sehr schnell und zuverlässig eine Selbsthypnose machen kannst … jederzeit und wo auch immer du willst …}* …

*Erste Vertiefung / Für Selbsthypnose: Einrichten des Triggers*

… … Um jetzt die beste Trance zu erreichen, kannst du dir ein einfaches Bild vorstellen, das dich zuverlässig und sicher in eine sehr stabile und besondere Trance bringt, in eine Trance, in der du alles sehr genau selbst steuern kannst … … Stell dir ein Blatt vor, das sich von einem hohen Baum löst und langsam in die Tiefe taumelt … … Es dreht sich und taumelt langsam zu Boden … … Stell es dir vor … … Schau auf das langsam fallende Blatt und spüre dabei deine

Müdigkeit … … Schau auf das Blatt … … Schau nur auf das Blatt, denn davon wirst du langsam müde … … Das ist gut so und es ist ganz einfach … … Stell dir nur das langsam fallende, taumelnde Blatt vor und warte die tiefe Ruhe ab, die dabei entsteht … … tiefe Ruhe … … Das ist bereits die besondere Trance, von der ich gesprochen habe … … *{Nur für Selbsthypnose-Training: … Du kannst das auch bei dir zu Hause so machen und damit eine Selbsthypnose einleiten … … einfach und sicher … … Immer, wenn du die Augen schließt um in Trance zu gehen und dir ein langsam vom Baum fallendes Blatt vorstellst, gehst du sofort in eine angenehme und bequeme Trance … so wie jetzt … einfach die Augen schließen, ruhig atmen und dann das langsam fallende Blatt beobachten und bei dieser Vorstellung bleiben, bis du müde wirst …}* …

*Zweite Vertiefung / Für Selbsthypnose: Aneignung der Vertiefung*

… … Jetzt darfst du dafür noch etwas tiefer entspannen, denn dann kann dein Unterbewusstsein dir optimal helfen … … Du kannst meine Worte auch in einer sehr tiefen Entspannung optimal hören … … Sogar deine eigenen Worte kannst du hören, wenn du zu dir selbst sprichst oder dir selbst Worte zuflüsterst in Trance … … Es ist ganz einfach, jetzt sehr tief zu entspannen … … Es geht am schnellsten, wenn du zehnmal selbst denkst oder sagst, dass du wirklich entspannen willst … … Sage also mit mir gemeinsam … … Ich will jetzt einmal tief entspannen … … Ich will jetzt zweimal tief entspannen … … Ich will jetzt dreimal tief entspannen … … Ich will jetzt viermal tief entspannen … … Ich will jetzt fünfmal tief entspannen … … Ich will jetzt sechsmal tief entspannen … … Ich will jetzt siebenmal tief entspannen … … Ich will jetzt achtmal tief entspannen … … Ich will jetzt neunmal tief entspannen … … Ich will jetzt zehnmal tief entspannen … … und dann bist du sehr, sehr tief entspannt, so tief wie in tiefem Schlaf … … Jetzt … … *{Nur für Selbsthypnose-Training: … genau so machst du es zu Hause, in deiner Selbsthypnose, einfach indem du mit dir selbst sprichst und zehnmal flüsterst … Ich will jetzt einmal tief entspannen … zweimal … dreimal … und so weiter … … bis du flüsterst … Ich will jetzt zehnmal tief entspannen … Du kannst das einfach flüstern und dabei immer tiefer in Trance sinken und die volle Kontrolle halten … ganz einfach und ganz sicher …}* …

*Suggestion oder Visualisierung /Für Selbsthypnose: Aneignung der Suggestion oder Visualisierung*
**+++ Variante 1: Lernen in Schule oder Studium, allgemein +++**
… … Nun, in der angenehmen Entspannung … … in der Tiefe deiner Gedanken und Gefühle kannst du dich voll und ganz auf optimales Lernen mit Konzentration und Leichtigkeit einstellen, indem du denkst oder sagst … … *In mir selbst finde ich optimale Konzentration und lerne damit einfach besser … … In mir selbst finde ich optimale Konzentration und lerne damit zweifach besser … … In mir selbst finde ich optimale Konzentration und lerne damit dreifach besser … … In mir selbst finde ich optimale Konzentration und lerne damit vierfach besser … … In mir selbst finde ich*

*optimale Konzentration und lerne damit fünffach besser ... ... In mir selbst finde ich optimale Konzent-ration und lerne damit sechsfach besser ... ... In mir selbst finde ich optimale Konzentration und lerne damit siebenfach besser ... ... In mir selbst finde ich optimale Konzentration und lerne damit achtfach besser ... ... In mir selbst finde ich optimale Konzentration und lerne damit neunfach besser ... ... In mir selbst finde ich optimale Konzentration und lerne damit zehnfach besser ... ...* Und genau dabei hilft dir dein Unterbewusstsein nun wieder optimal ... ... *{Nur für Selbsthypnose-Training: ... Und wenn du dich selbst in Trance bringst und diese vertieft hast, kannst du dir diese Suggestion selbst zuflüsterst ... genau so, wie du sie hier und heute gehört hast, indem du zehnmal flüsterst ... ... In mir selbst finde ich optimale Konzentration und lerne damit einfach besser ... ... zweifach, dreifach ... ... und so weiter, bis du sagst ... ... In mir selbst finde ich optimale Konzentration und lerne damit zehn-fach besser ... ... So einfach geht das und du kannst es selbst ...}* ... Jetzt verweile in diesem Gefühl der inneren Fokussierung ... ... Spüre, dass du wirklich fokussiert und konzentriert bist und dass du genau deswegen erfolgreich lernst ... ...

**+++ Ende Variante 1 +++**

**+++ Variante 2: Lernen in der Mitte des Lebens, Lernen 50+ +++**

... ... Nun, in der angenehmen Entspannung ... ... in der Tiefe deiner Gedanken und Gefühle kannst du dich voll und ganz auf optimales Lernen mit Konzentration und Leichtigkeit einstellen, indem du denkst oder sagst ... ... *In mir selbst finde ich einfach Lebenserfahrung und Kompetenz für optimales Lernen ... ... In mir selbst finde ich zweifach Lebenserfahrung und Kompetenz für optimales Lernen ... ... In mir selbst finde ich dreifach Lebenserfahrung und Kompetenz für optimales Lernen ... ... In mir selbst finde ich vierfach Lebenserfahrung und Kompetenz für optimales Lernen ... ... In mir selbst finde ich fünffach Lebenserfahrung und Kompetenz für optimales Lernen ... ... In mir selbst finde ich sechsfach Lebenserfahrung und Kompetenz für optimales Lernen ... ... In mir selbst finde ich siebenfach Lebenserfahrung und Kompetenz für optimales Lernen ... ... In mir selbst finde ich achtfach Lebenserfahrung und Kompetenz für optimales Lernen ... ... In mir selbst finde ich neunfach Lebenserfahrung und Kompetenz für optimales Lernen ... ... In mir selbst finde ich zehnfach Lebenserfahrung und Kompetenz für optimales Lernen ... ...* Und genau dabei hilft dir dein Unterbewusstsein nun wieder optimal ... ... *{Nur für Selbsthypnose-Training: ... Und wenn du dich selbst in Trance bringst und diese vertieft hast, kannst du dir diese Suggestion selbst zuflüsterst ... genau so, wie du sie hier und heute gehört hast, indem du zehnmal flüsterst ... ... In mir selbst finde ich einfach Lebenserfahrung und Kompetenz für optimales Lernen ... ... zweifach, dreifach ... ... und so weiter, bis du sagst ... ... In mir selbst finde ich optimale Konzentration und lerne damit zehnfach besser ... ... So einfach geht das und du kannst es selbst ...}* ... Jetzt verweile in diesem Gefühl der inneren Fokussierung … … Spüre, dass du wirklich fokussiert und konzentriert bist und dass du genau deswegen erfolgreich lernst … …

**+++ Ende Variante 2 +++**

*… …{Nur für Selbsthypnose-Training} … … Wenn du zu Hause eine Selbsthypnose machst, gehst du genau so vor, wie du es hier erlebt hast … … Das ist vollkommen einfach und sicher … … Beginne mit dem Bild des langsam fallenden, taumelnden Blattes und stell es dir vor bis du spürst, dass du zur Ruhe kommst … … Dann flüstere dir selbst die Suggestion zu … … Ich will jetzt einmal tief entspannen, zweimal, dreimal und so weiter, bis du sagst: Ich will jetzt zehnmal tief entspannen … … Dann flüsterst du zehnmal deine besondere Suggestion … [Hier noch einmal die Hauptteil-Suggestion wiederholen] … … Dann darfst du ruhen und um wach zu werden, stellst du dir vor, du würdest mit nackten Füßen im Schnee stehen und dann sagst du einfach: Ich muss jetzt unbedingt wach werden – Eins – Zwei – Drei … … Dann kannst du die Augen öffnen und bist wach … … So einfach ist das wirklich … … Es gelingt dir so wie hier und heute … … Du gehst in Trance, befreist dich und wirst ganz einfach wieder wach … …*

# Hauptteil 9
*Ideomotorik*

*Ideomotorik bezeichnet das Phänomen, dass unser Körper mit Bewegungen unseren Gefühle und Gedanken folgt. Im Alltag zeigt sich dieses Folgen als Körperhaltung, als Muskelspannung und Bewegungsmuster einer Person, die sich natürlich mit der Stimmungslage und den Gedanken verändern. In Trance können ideomotorische Signale genutzt werden, um Informationen zu erhalten, die der Klient nicht aktiv mitteilen kann. Das Unterbewusstsein kann beispielsweise mit einem vereinbarten Fingersignal Fragen beantworten. Natürlich können ideomotorische Reaktionen auch suggestiv eingesetzt werden, beispielsweise bei Armlevitationen und Katalepsien. Eine ideomotorische Vorgehensweise stärkt das Vertrauen in die Hypnose und in die eigene Veränderungsfähigkeit und fördert damit die Therapie. Ausführliches Reframing erläutere ich in dem Buch „Reframing" (ISBN 978-3837076394).*

## Zielformulierung und Vorbereitung

… … Du willst heute die Selbstzweifel beenden, um wieder mit Freude und Leichtigkeit zu lernen und mit dem guten Gefühl, das Gelernte auch erfolgreich nutzen zu können … … Das geht, denn ein spezieller Teil von dir kann das … … Diesen speziellen Teil von dir kannst du in Trance sehr gut erreichen und damit beauftragen … … In Trance ist vieles möglich, denn in Trance kannst du dein Unterbewusstsein direkt ansprechen und es beauftragen, die störenden Selbstzweifel loszulassen … … Hierzu muss ich mit deinem Unterbewusstsein direkt sprechen

… … Träume du in einer schönen Fantasie … … Stell dir die schönste Fantasie vor, die du dir denken kannst … … und bleibe in dieser schönen Vorstellung … … Du kannst jedes Wort verstehen, das du von mir hörst, doch bleibe einfach in deiner schönen Fantasie und stell dir vor, dass alle Gedanken und Vorstellungen und Fantasien nach links gehen … … in deine linke Körperhälfte … … und du, Unterbewusstsein von … *[Vorname des Klienten]* … komm nach rechts und geh in die rechte Hand … … und gib mir ein Signal mit einem Finger der rechten Hand, sobald es dir gelungen ist, die Hand zu erreichen … … Während das Wachbewusstsein links in einer schönen Fantasie bleibt, komm du Unterbewusstsein von … *[Vorname des Klienten]* … nach rechts und bewege einen Finger der rechten Hand … … *[Bitte Geduld haben und dran bleiben. Keine Sorge – Fingersignale gelingen (fast) immer! Wiederholen Sie die Aufforderung einige Male freundlich und mit etwas Nachdruck und strahlen Sie Zuversicht aus. Wenn Sie sich sicher sind, dass ein Fingersignal kommen wird, geht es schneller als wenn Sie zweifeln.]* …

… … Da ist das Signal, gut so … … vielen Dank … … Jetzt, Unterbewusstsein von … *[Vorname des Klienten]* … sorge dafür, dass das Wachbewusstsein ganz tief träumt auf der linken Seite, damit wir beide gut zusammenarbeiten können … … Der Begrüßungsfinger soll der Ja-Finger sein, für jede Bestätigung kannst du ihn bewegen … … Für Ablehnung kannst du einen anderen Finger bewegen … … Wähle jetzt einen Finger für Nein und bewege ihn … … *[Fingersig-*

*nal abwarten!]* … … Danke … … Wir haben nun den … *[Ja-Finger nennen]* … für Ja und den … *[Nein-Finger nennen]* … für Nein … … Es kann also losgehen … … Wir beginne jetzt, die Selbstzweifel zu lösen … … Bist du schon bereit? … *[Ja-Finger abwarten!]* … Gut, also los … …

*Reframing*

… … Unterbewusstsein von … *[Vorname des Klienten]* … wir haben verstanden, dass hinter den Lernhemmungen Selbstzweifel stehen … … Ich weiß, dass du versuchst, eine bessere Verständigung mit dem Wachbewusstsein, mit dem Verstand, aufzubauen. Ich weiß auch, dass die Selbstzweifel verschwinden, wenn deine Hinweise und Mitteilungen auf anderem Wege ankommen. Ich will dir helfen, einen neuen Weg ohne Selbstzweifel zu gehen und der wache Verstand wird sich im Alltag mit Achtsamkeit darum bemühen, im Kontakt mit dir zu sein … … … Doch du musst es erledigen, denn du, Unterbewusstsein von … *[Vorname des Klienten]* … kannst das … … Für *Ja* nutze bitte den Ja-Finger und für *Nein* den vereinbarten Nein-Finger … … … Wir fangen an … … Finde jetzt in der unendlichen Vielfalt an Möglichkeiten in dir einen Weg der Verständigung mit dem Wachbewusstsein. Dieser Weg darf nichts mit Selbstzweifel und Lernhemmungen zu tun haben. Er muss mit erfolgreichem Lernen einhergehen … … Zeige mir mit dem Ja-Finger, sobald du einen solchen Weg gefunden hast … … *[Ja-Finger abwarten!]* … … Gut so, du hast einen guten Weg gefunden … … Doch wir wollen sicher gehen, dass dieser auch gut funktioniert … … Stell dir vor, wie das ist, wenn das Wachbewusstsein deine Mitteilungen und Bedürfnisse besser erfasst und sorgfältig damit umgeht … … Stell dir vor, wie es sein wird, wenn es dir in deinem wachen Alltag gelingt, immer wieder im Einklang mit dir selbst optimale zu lernen… …

**+++ Variante 1: Lernen in Schule oder Studium, allgemein +++**

… … Stell dir vor, dass du, Unterbewusstsein von … *[Vorname des Klienten]* … sofort wieder für optimale Konzentration und für Lernen mit Leichtigkeit und Freude sorgst … … Stell dir vor, dass alle Emotionen in der Tiefe bereits ausreichend verarbeitet werden, weil du achtsam und sorgsam mit deinen Gefühlen umgehst … … Stell dir vor, dein Wachbewusstsein erkennt deine Signale und alle deine tiefen Gefühle viel besser und erledigt alles zu seiner Zeit … … und damit steht beim Lernen eben das Lernen ganz im Fokus … … die Konzentration auf die Inhalte und Themen … … Stell es dir einfach einmal vor, mit deinem neuen Weg … … mit einem Weg, den nur du kennst, Unterbewusstsein von … *[Vorname des Klienten]* … Teste, ob dieser Weg des optimalen Lernens besser gelingt … … Teste, ob dein neuer Weg ohne Selbstzweifel gelingt und zeige mir ein Signal … …

**+++ Ende Variante 1 +++**

**+++ Variante 2: Lernen in der Mitte des Lebens, Lernen 50+ +++**

… … Stell dir vor, dass du, Unterbewusstsein von … *[Vorname des Klienten]* … sofort wieder für optimale Konzentration und für Lernen mit Leichtigkeit und Freude sorgst … … Stell dir vor, dass du deine Lebenserfahrung und deine bewährten Lernstrategien reaktivierst und aus dieser Erfahrung deine neue Selbstsicherheit aufbaust … … Stell dir vor, dass alle Emotionen in der Tiefe bereits ausreichend verarbeitet werden, weil du achtsam und sorgsam mit deinen Gefühlen umgehst … … Stell dir vor, dein Wachbewusstsein erkennt deine Signale und alle deine tiefen Gefühle viel besser und erledigt alles zu seiner Zeit … … und damit steht beim Lernen eben das Lernen ganz im Fokus … … die Konzentration auf die Inhalte und Themen … … Stell es dir einfach einmal vor, mit deinem neuen Weg … … mit einem Weg, den nur du kennst, Unterbewusstsein von … *[Vorname des Klienten]* … Teste, ob dieser Weg des optimalen Lernens besser gelingt … … Teste, ob dein neuer Weg ohne Selbstzweifel gelingt und zeige mir ein Signal … …

**+++ Ende Variante 2 +++**

… *bei Ja* … Hervorragend, dein neuer Weg gelingt und er gelingt ohne Selbstzweifel … …

… *bei Nein* … Es ist noch nicht der beste Weg … … Finde also einen besseren Weg der Erneuerung und Veränderung und zeige mir mit dem Ja-Finger, sobald du einen anderen Weg ohne

Selbstzweifel gefunden hast … … *[Ja-Finger abwarten bzw. so oft wiederholen bis er gezeigt wird! Keine Sorge, das geschieht nach spätestens drei Versuchen!]* … … Hervorragend, dein neuer Weg gelingt tatsächlich ohne Zweifel … …

… Unterbewusstsein von … *[Name des Klienten]* … Du siehst, dass wir uns gemeinsam bemühen, dich zu verstehen und dir zu helfen … … Das Wachbewusstsein und ich … … Und das werden wir weiter tun und ich verspreche dir, dass das Wachbewusstsein sich weiterhin bemühen wird, deine Hinweise und Mitteilungen zu verstehen … … Das ist es, was das Wachbewusstsein für dich macht … … Was du dafür tun musst, ist das Benutzen deines neuen Lernweges ohne Selbstzweifel … … Nur wenn es wirklich Zeit für eine Lernpause wird, könntest du dich mit einem freundlichen Signal melden, mit etwas Müdigkeit vielleicht … … Einverstanden? … … *[Lassen Sie diese kleine Hintertür offen, damit nicht alles verloren geht, wenn es noch einige Konzentrationsschwierigkeiten oder Selbstzweifel gibt. Ein Nein kommt hier nicht mehr]* …

… Dann richte jetzt in deinem Innern alles so ein, dass du ab sofort diesen neuen Weg anstelle der Selbstzweifel nutzt … … Ab sofort gelingt das Lernen wieder optimal … … Zeige mir mit dem Ja-Finger, sobald du damit fertig bist … … Zeige mir mit Ja-Finger an, dass du diesen neuen Weg fest eingerichtet hast … … *[Ja-Finger abwarten]* … …

*Festigung*

… … Gut so, es ist gelungen … … Du, Unterbewusstsein von … *[Vorname des Klienten]* … kannst deine neue Zeit des Lernens ohne Selbstzweifel und mit optimaler Konzentration ausführlich testen bis wir uns wiedersehen … … und wenn dein neuer Weg so richtig gut funktioniert, kannst du ihn dann für immer beibehalten oder sogar noch ausbauen und optimieren … … Dann gelingt das Lernen noch besser und noch nachhaltiger … … Jetzt übergib wieder dem Verstand die Kontrolle der Finger und Hände … … Bewege deine Finger und kontrolliere, dass sie deiner Kontrolle unterliegen … *[Abwarten bis der Klient die Finger aktiv bewegt]* … Gut so … …

# Hauptteil 10

*Ich-Suggestion, introspektiv (klassisch)*

*Direkte Suggestionen können leicht abgelehnt werden. Doch sie können auch hochwirksam sein, wenn sie richtig eingebettet werden. Es kommt darauf an, Bedingungen zu schaffen, die dazu führen, dass die Suggestionen bereitwillig angenommen werden. Hierfür ist vor allem der erste Abschnitt des Hauptteiles wichtig. Außerdem kann mit analogem Markieren gearbeitet werden. Hier stelle ich eine alternative und sehr wirksame Vorgehensweise vor, die mit sehr einfach erscheinenden Suggestionen arbeitet, ähnlich einer insistierenden Suggestion. Warum aber werden solch „einfache" Suggestionen tatsächlich angenommen? Weil es sich hierbei um eine Art Innenschau (Introspektion) handelt. Es geht zwar um das jeweilige Thema des Klienten/Patienten, doch es wird ausschließlich mit den drei Aspekten Selbstannahme, Selbstvergebung und Selbstliebe gearbeitet. Den meisten Menschen fällt es gar nicht so leicht, sich selbst vorbehaltlos anzunehmen oder gar sich selbst zu lieben. Doch der Wunsch danach liegt wohl in jedem Menschen, zumindest in jedem, der noch Hilfe aufsucht. Das insistierende Wiederholen einer Hauptsuggestion pro Abschnitt ist wie eine sich ständig wiederholende Erlaubnis, sich ganz um sich selbst zu kümmern. In vielen Fällen lohnt es sich, eine solche Hypnose in der ersten oder zweiten Sitzung zu machen um den weiteren Weg der Therapie zu begünstigen. Übrigens kann auch eine „neutrale" Version angeboten werden, die sich themenunabhängig mit Selbstannahme, Selbstvergebung und Selbstliebe beschäftigt. Erfolgreiche Selbstliebe ist die beste Basis für jede konstruktive Weiterentwicklung. Wie so oft gilt hier: Probieren Sie es aus und lassen Sie sich von der Wirkung einer so „einfachen" Vorgehensweise überraschen!*

*Vorbereitung*

… … Du hast schon oft Konzentrationsprobleme und damit Selbstzweifel beim Lernen erlebt … … Du hast selbst die Erfahrung gemacht, dass Unsicherheiten und Zweifel dich vom Lernen ablenken konnten … … Vielleicht konnte es nur so kommen, dass du dich bisher noch nicht von den Zweifeln und Verunsicherungen befreien konntest, doch das geht jetzt … … Jetzt ist Befreiung wirklich möglich … … denn heute gehst du einen völlig neuen und auch anderen Weg als bisher … … In Trance ist das möglich … … In Trance geht so vieles, wenn du dazu bereit bist, deine innere Perspektive umzustellen … … Und dazu bist du nun wirklich bereit, denn genau deswegen bist du hier … … für das Loslassen der tiefen Unsicherheiten und Selbstzweifel, die zu Lernhemmungen führen konnten … … Du bist für dich und für deine Freiheit hier … … für deinen Neubeginn … … Du weißt, dass jede Veränderung tief in dir selbst anfangen muss … … denn nur in und mit dir selbst, kannst du wirklich neu beginnen und alles ändern … … Du triffst dich also heute selbst und zwar mit echtem Respekt, denn du musst und du willst dich selbst annehmen … … sogar selbst lieben … … Ja, du kannst dich selbst lieben und damit viel freier und zuversichtlicher lernen … … mehr als je zuvor … … Also sprichst du liebevoll und respektvoll ***zu dir selbst und sagst*** … …

*Selbstannahme / Selbstakzeptanz*

… … Ich akzeptiere die Zeit der Selbstzweifel und auch die neue Zeit des Vertrauens … …

… … denn ich will entspannt und erfolgreich lernen … …

… … *{ca. 5-10 Sekunden schweigen}* …

… … Ich akzeptiere die Zeit der Selbstzweifel und auch die neue Zeit des Vertrauens … …

… … denn ich kann jetzt wieder zuversichtlich nach vorne schauen … …

… … *{ca. 5-10 Sekunden schweigen}* …

… … Ich akzeptiere die Zeit der Selbstzweifel und auch die neue Zeit des Vertrauens … …

… … weil ich weiß, dass ich damit die Verunsicherung endlich loslassen kann … …

… … *{ca. 5-10 Sekunden schweigen}* …

… … Ich akzeptiere die Zeit der Selbstzweifel und auch die neue Zeit des Vertrauens … …

… … denn nur mit meiner eigenen Lebenserfahrung kann ich Neues entstehen lassen … …

… … *{ca. 5-10 Sekunden schweigen}* …

… … Ich akzeptiere die Zeit der Selbstzweifel und auch die neue Zeit des Vertrauens … …

… … weil ich es mir wirklich wert bin, im Einklang mit mir selbst zu sein und zu bleiben … …

… … *{ca. 5-10 Sekunden schweigen}* …

*Selbstvergebung / Selbstverzeihen*

**+++ Variante 1: Lernen in Schule oder Studium, allgemein +++**

…… Ich vergebe mir, dass ich mich für Misserfolge selbst angeklagt habe ……

…… weil ich weiß, dass ich damit niemals Schuld auf mich geladen habe ……

…… *{ca. 5-10 Sekunden schweigen}* …

…… Ich vergebe mir, dass ich mich für Misserfolge selbst angeklagt habe ……

…… weil ich erkannt habe, dass auch Misserfolge ein wichtiger Teil von mir waren ……

…… *{ca. 5-10 Sekunden schweigen}* …

…… Ich vergebe mir, dass ich mich für Misserfolge selbst angeklagt habe ……

…… weil mir klar ist, dass ich auch aus Niederlagen lernen kann ……

…… *{ca. 5-10 Sekunden schweigen}* …

…… Ich vergebe mir, dass ich mich für Misserfolge selbst angeklagt habe ……

…… weil ich gelernt habe, dass nur Selbstvergebung mich wirklich befreit ……

…… *{ca. 5-10 Sekunden schweigen}* …

…… Ich vergebe mir, dass ich mich für Misserfolge selbst angeklagt habe ……

…… weil ich es mir wirklich wert bin, im Einklang mit mir selbst zu sein und zu bleiben ……

…… *{ca. 5-10 Sekunden schweigen}* … **+++ Ende Variante 1 +++**

**+++ Variante 2: Lernen in der Mitte des Lebens, Lernen 50+ +++**

… … Ich vergebe mir, dass ich mich selbst für altes Eisen gehalten habe … …

… … weil ich weiß, dass ich damit niemals Schuld auf mich geladen habe … …

… … *{ca. 5-10 Sekunden schweigen}* …

… … Ich vergebe mir, dass ich mich selbst für altes Eisen gehalten habe … …

… … weil ich erkannt habe, dass gerade meine Lebenserfahrung mich auszeichnet … …

… … *{ca. 5-10 Sekunden schweigen}* …

… … Ich vergebe mir, dass ich mich selbst für altes Eisen gehalten habe … …

… … weil mir klar ist, dass ich genau so gut lernen kann wie früher, sogar besser … …

… … *{ca. 5-10 Sekunden schweigen}* …

… … Ich vergebe mir, dass ich mich selbst für altes Eisen gehalten habe … …

… … weil ich gelernt habe, dass nur Selbstvergebung mich wirklich befreit … …

… … *{ca. 5-10 Sekunden schweigen}* …

… … Ich vergebe mir, dass ich mich selbst für altes Eisen gehalten habe … …

… … weil ich es mir wirklich wert bin, im Einklang mit mir selbst zu sein und zu bleiben … …

… … *{ca. 5-10 Sekunden schweigen}* …

**+++ Ende Variante 2 +++**

*Selbstliebe*

… … Ich liebe mich selbst und ich lerne und arbeite nur für mich … …

… … in tiefer Überzeugung, dass ich damit erfolgreich sein werde … …

… … *{ca. 5-10 Sekunden schweigen}* …

… … Ich liebe mich selbst und ich lerne und arbeite nur für mich … …

… … mit dem intensiven Gefühl, dass ich mir selbst damit viel näher komme … …

… … *{ca. 5-10 Sekunden schweigen}* …

… … Ich liebe mich selbst und ich lerne und arbeite nur für mich … …

… … mit der tiefen Zuversicht, dass ich echte Konzentration in meinem Innern finde … …

… … *{ca. 5-10 Sekunden schweigen}* …

… … Ich liebe mich selbst und ich lerne und arbeite nur für mich … …

… … mit der Gewissheit, dass Selbstliebe mich von Selbstzweifeln absolut befreit … …

… … *{ca. 5-10 Sekunden schweigen}* …

… … Ich liebe mich selbst und ich lerne und arbeite nur für mich … …

… … und ich wende mich wieder liebevoll und selbstsichnd meinen Zielen zu … …

… … *{ca. 5-10 Sekunden schweigen}* …

# Übergang

*… … [Sofern ein Hauptteil in Ich-Form verwendet wurde, bitte mit einem Satz zur Du-Form zurückkehren: … …* **Die Stimme, die ich jetzt höre, ist die Stimme meines Therapeuten und alle kommenden Worte wird er für mich sprechen.**] *… {ca. 5-10 Sekunden Pause} … …*

… … Du wirst nun bald wieder wach sein und etwas Besonderes erleben … … Du wirst erleben, dass du dich anders fühlst als zuvor … … stärker … … gereifter … … selbstbewusster und selbstsicherer … … So fällt es dir auch viel leichter, deine Ziele in deinem Alltag immer wieder zu erreichen … … vor allem das Ziel, erfolgreich zu lernen und das Gelernte optimal und zu deinem Vorteil zu nutzen … … Dieser Erfolg ist dann der vielleicht größte Erfolg seit Langem … …

*… … [Sofern mit Körpersignalen bzw. Ideomotorik gearbeitet wurde, sollten die betreffenden Suggestionen zurückgenommen werden …* **Du hast die volle Kontrolle über deinen Körper, alle Körperteile bewegen sich nach deinem aktiven und bewussten Willen** *…] … …*

… … Lass uns also weiter gehen zur Ausleitung der Trance, denn dein neues Leben wartet auf dich … …

# Ausleitung

… … Jetzt wecke ich dich auf, doch das muss ich gar nicht, denn du hast nicht geschlafen … … Du bist die ganze Zeit über wach gewesen … … Trance ist wie wach sein, nur eben speziell … … Es kommt also nur darauf an, deine Aufmerksamkeit wieder darauf zu richten, dass du tatsächlich wach bist … … und zu entscheiden, dass du wach sein willst … … und du willst wieder wach sein … … Ich sage nun mehrmals hintereinander, dass du wach bist und du selbst entscheidest, wann du die Augen öffnest … … Du fühlst das, denn plötzlich spürst du deutlich, dass du die Augen öffnen solltest … … Öffne sie, sobald es sich richtig anfühlt … …

… … Du bist wach … … *[Sprechen Sie deutlich und ausdrucksvoll, von Mal zu Mal die Lautstärke etwas steigern]* … … Du bist wach … … Du bist wach … … Du bist wach … … Du bist wach … … Du bist wach … …

… … *[Bleiben Sie dran bis der Klient die Augen öffnet. Das geht meistens sehr schnell, da er sich deutlich aufgefordert fühlt.]* … …

## Buchreihen: Zehn Hypnosen / Hypnosetexte für Coaching und Therapie / Zehn Fantasiereisen

Band 1: Raucherentwöhnung

Band 2: Angst und Unruhezustände

Band 3: Burn Out

Band 4: Übergewicht reduzieren

Band 5: Vergangenheitsbewältigung

Band 6: Suizidgedanken und Suizidversuche

Band 7: Psychoonkologie

Band 8: Zwänge und Tics

Band 9: Selbstvertrauen und Entscheidungen

Band 10: Trauerarbeit

Band 11: Psychosomatik

Band 12: Chronische Schmerzen

Band 13: Depressive Gedanken

Band 14: Panikanfälle

Band 15: Häusliche Gewalt, Opferbegleitung

Band 16: Posttraumatischer Stress

Band 17: Prüfungsangst und Lampenfieber

Band 18: Anti-Gewalt-Training, Täterbegleitung

Band 19: Suchttendenzen

Band 20: Soziale Phobie und Kontaktangst

Band 21: Fingernägel kauen

Band 22: Selbstachtsamkeit und Selbstliebe

Band 23: Zähneknirschen und Nachtbeißen

Band 24: Schuldgefühle

Band 25: Angst in Menschenmengen

Band 26: Flugangst, Aviophobie

Band 27: Angst in engen Räumen, Klaustrophobie

Band 28: Tinnitus, Ohrgeräusche

Band 29: Höhenangst

Band 30: Neurodermitis

Band 31: Die innere Mitte finden

Band 32: Einsamkeit überwinden

Band 33: Angst vor Krankheit, Hypochondrie

Band 34: Erwartungsangst, Angst vor der Angst

Band 35: Eifersucht in der Partnerschaft

Band 36: Autofahren und Angst

Band 37: Neustart nach Trennung

Band 38: Angst vor Spritzen

Band 39: Herzangstneurose

Band 40: Groll und Zorn überwinden

Band 41: Blockadenlösung und positives Denken

Band 42: Stressreduzierung, Stressverarbeitung

Band 43: Körperentspannung

Band 44: Tiefenentspannung

Band 45: Angst im Dunkeln

Band 46: Einschlafen und Durchschlafen

Band 47: Kaufsucht

Band 48: Restless Legs, Unruhige Beine

Band 49: Bulimie

Band 50: Anorexie

Band 51: Albträume überwinden

Band 52: Dysmorphophobie, eingebildete Entstellung

Band 53: Misstrauen überwinden, Vertrauen finden

Band 54: Misserfolge verarbeiten

Band 55: Erniedrigung, seelische Kränkung

Band 56: Quälendes Mitleid, Stellvertretendes Leiden

Band 57: Selbstvergebung

Band 58: Ich-Bewusstsein, Selbstbewusstsein

Band 59: Nein sagen

Band 60: Durchsetzungskraft

Band 61: Abgrenzung und Selbstbehauptung

Band 62: Entscheidungskraft

Band 63: Erfolgsausrichtung

Band 64: Grübeln, Gedankenkreisen

Band 65: Schwangerschaft annehmen

Band 66: Geburtsvorbereitung

Band 67: Spirituelle Öffnung

Band 68: Lebensfreude und innere Leichtigkeit

Band 69: Geduld und innere Ruhe

Band 70: Fibromyalgie und Rheuma

Band 71: Reizdarmsyndrom, Morbus Crohn

Band 72: Angst vor Übelkeit, Emetophobie

Band 73: Stottern und Poltern, Redeflussstörungen

Band 74: Konzentration und Wissensverankerung

Band 75: Vitalität und Spontaneität

Band 76: Sinnsuche und Zielfindung

Band 77: Lebenskrisen, Life events

Band 78: Workaholic, Zielverbissenheit

Band 79: Helfersyndrom, hilflose Helfer

Band 80: Medikamentenmissbrauch

Band 81: Spielleidenschaft, Spielsucht

Band 82: Internetsucht, Smartphonesucht

Band 83: Sammelleidenschaft, Messiesyndrom

Band 84: Verschwörungsgedanken, überwertige Ideen

Band 85: Angst vor Operationen und Behandlung

Band 86: Angst vorm Älterwerden

Band 87: Reiseangst

Band 88: Angst beim Wasserlassen, Paruresis

Band 89: Angst vor Nähe und Zweisamkeit

Band 90: Angst vor dem Erröten

Band 91: Outing bei Homosexualität

Band 92: Charismatraining

Band 93: Migräne und chronische Kopfschmerzen

Band 94: Allergie überwinden, Asthma bronchiale

Band 95: Blutdruck normalisieren

Band 96: Zwanghafter Perfektionismus

Band 97: Sporthypnosen (Freizeit), Motivation

Band 98: Sporthypnosen (Freizeit), Leistungssteigerung

Band 99: Zielstrebigkeit und Fokussierung

Band 100: Dem inneren Kind begegnen

Band 101: Heißhungeranfälle, Essattacken

Band 102: Stoffwechsel anregen

Band 103: Bipolare Stimmungswechsel

Band 104: Borderline, Identitätskrisen

Band 105: Hypomanie, Euphorie, Manie

Band 106: Getriebenheit, Agitiertheit

Band 107: Nervenzusammenbruch

Band 108: Anpassungsstörungen

Band 109: Selbstentfremdung, Depersonalisation

Band 110: Selbstmitleid beenden

Band 111: Primärer Krankheitsgewinn

Band 112: Sekundärer Krankheitsgewinn

Band 113: Mobbing, Opferbegleitung

Band 114: Neid und Missgunst loslassen

Band 115: Angst vor Spinnen, Arachnophobie

Band 116: Angst vor Hunden oder Katzen

Band 117: Angst vor Fremden, Xenophobie

Band 118: Übertriebene Sorgen, Generalisierte Angst

Band 119: Verantwortungsgefühl stärken

Band 120: Unerfüllte Liebe, Liebeskummer

Band 121: Work-Life-Balance

Band 122: Unerreichbare Ziele loslassen

Band 123: Hilfe zulassen und annehmen können

Band 124: Erwachsene Kinder loslassen

Band 125: Tourette-Syndrom

Band 126: Lebensumbrüche und Neustart

Band 127: Leben im Rollstuhl annehmen

Band 128: Heimweh verstehen und überwinden

Band 129: Fernweh verstehen und überwinden

Band 130: Drehschwindel, Morbus Menière

Band 131: Aggression überwinden

Band 132: Ritzen und Selbstverletzungen

Band 133: Haareausreißen, Trichotillomanie

Band 134: Wochenbettdepression

Band 135: Für Angehörige Demenzkranker

Band 136: Supervision für helfende Berufe

Band 137: Supervision für Hospizberufe

Band 138: Rückfallvorbeugung Depression

Band 139: Reaktive Psychosen, Nachlese

Band 140: Zwangsgedanken und Zwangsimpulse

Band 141: Kontrollzwang

Band 142: Zählzwang, Symmetriezwang

Band 143: Waschzwang, Reinheitszwang

Band 144: Zwanghaftes Nachfragen

Band 145: Dissoziative Lähmungen

Band 146: Phantomschmerzen

Band 147: Sterbebegleitung

Band 148: Arbeit mit Eltern von Sternenkindern

Band 149: Sexueller Missbrauch, Opferbegleitung

Band 150: Stark sein gegen Sexismus, #metoo

Band 151: Essattacken, Binge Eating

Band 152: Rachegedanken überwinden

Band 153: Lösen vom Angreifer, Stockholm Syndrom

Band 154: Mut zur Trennung

Band 155: Chronische Müdigkeit, Erschöpfung

Band 156: Zukunftsangst, Existenzangst

Band 157: Übertrieben Sorgen um Kinder

Band 158: Versagensangst

Band 159: Misstrauen und Kontrollieren beenden

Band 160: Niedergeschlagenheit, Dysphorie

Band 161: Boreout, chronische Langeweile

Band 162: Bipolare Störungen, Rückfallvorbeugung

Band 163: Manie, Rückfallvorbeugung

Band 164: Nihilismus, Gefühle der Wertlosigkeit

Band 165: Daumenlutschen

Band 166: Mutig sein

Band 167: Stolz sein

Band 168: Schüchternheit überwinden

Band 169: Verantwortung abgeben können

Band 170: Gefühle zeigen können

Band 171: Schuldgefühle loslassen, Opferbegleitung

Band 172: Schuldgefühle verarbeiten, Täterbegleitung

Band 173: Stimmungsschwankungen, Zyklothymia

Band 174: Antriebsmangel, Vitale Traurigkeit

Band 175: Stimmen hören mit Realitätsbezug

Band 176: Selbstbewusste Kommunikation

Band 177: Zu sich selbst stehen

Band 178: Neue Wege gehen

Band 179: Selbstbewusste Bewerbung

Band 180: Nicht mehr ausnutzen lassen

Band 181: Ende der Unterwürfigkeit

Band 182: Depressive Gefühllosigkeit

Band 183: Stimmungseinbrüche, Affektinkontinenz

Band 184: Stimmungslabilität

Band 185: Somatoforme Störungen

Band 186: Magengeschwür, psychosomatisch

Band 187: Amputation annehmen

Band 188: Hass überwinden und loslassen

Band 189: Anklagen beenden

Band 190: Tränen zulassen, Weinen können

Band 191: Verdrängte Gefühle finden und sortieren

Band 192: Somatoforme Schmerzen

Band 193: Selbstbestimmt leben

Band 194: Anhedonie, Freudlosigkeit

Band 195: Anhaltende Traurigkeit

Band 196: Adipositas, Ess-Sucht

Band 197: Eltern von missbrauchten Kindern

Band 198: Loslassen und Seinlassen

Band 199: Sexueller Missbrauch in der Kindheit

Band 200: Verlustangst

**Alle Bücher des Autors im Überblick auf**

**www.ingosimon.com**

Printed in Poland
by Amazon Fulfillment
Poland Sp. z o.o., Wrocław

35913155R00045